Estética, arte y comunicación

Luciano Nanni

El silencio de Hermes

SILLA VACÍA
editorial

Estética, arte y comunicación

Colección coordinada por Hugo Leyva Sánchez

I

Luciano Nanni

El silencio de Hermes

De la ciencia y del arte:
contra la teoría estándar de la comunicación

Traducción de Hugo Leyva Sánchez

La traducción fue posible gracias al apoyo
de la Facultad de Filosofía "Dr. Samuel Ramos Magaña"
(Universidad Michoacana de San Nicolás de Hidalgo)

ISBN de la edición en español Tapa Blanda Amazon
9798630071590

Luciano Nanni
El silencio de Hermes.
De la ciencia y del arte: contra la teoría estándar de la comunicación
México: Silla vacía Editorial

Diseño de la Colección:
Sr. Tarántula, Cristina Barragán y Noé Martínez

Primera edición en italiano
Meltemi editore srl, Roma, MMII

Escultura en bronce:
"Hermes Mercurio" o "El Mercurio volador",
de Giambologna (1529-1608)

Editor: Miguel Ángel García Guzmán
Miguel Cabrera 88a, Centro Histórico
CP 58000, Morelia, Michoacán, México

www.sillavaciaeditorial.com

Índice

Nota all'edizione messicana

Sono felice della traduzione messicana di questo mio libro. Ringrazio di cuore l'editore e il traduttore prof. Hugo Leyva che con tanta bravura ha reso nella nuova lingua le volute, a volte veramente extra-vaganti, del mio pensiero.

Sono passati circa vent'anni dalla sua pubblicazione nel mio paese, in Italia, e molta acqua è passata sotto i ponti, ma rileggendolo a distanza di tanti anni mi sono accorto che il libro continua a rispondere a problemi che sono rimasti irrisolti o, quanto meno, acquietati ancora sulle soluzioni, a mio parere, sbagliate di allora.

Ritengo, insomma, che il libro, così come fu scritto, sia ancora attuale e non necessiti di alcun aggiornamento, tanto più che tende a muoversi su principi generali e di fondo e che, in quanto tali, non invecchiano mai.

Luciano Nanni

Bologna, 24 giugno 2019

N. del E.: algunas referencias a ciertos escritores están implícitas y en ocasiones el autor no cita directamente sus obras: en esta edición se respeta esa disposición. En la Bibliografía se encuentran los datos exactos de los textos a los cuales Nanni remite para profundizar los temas aludidos; así mismo, en dicho apartado se encuentran libros que no son mencionados en el *corpus*.

Premisa

En busca de un signo, de una imagen que fuera capaz de simbolizar, digamos así, la unidad profunda de este libro, más allá de la coyuntura que parece organizar su forma (coyuntura, asimismo, muy relativa; si consideramos que los escritos aquí recogidos, aun cuando han sido originados precisamente en coyunturas diversas, giran todos en torno al nudo central de las problemáticas relaciones entre el arte, la ciencia y la comunicación), fui inspirado, casi *naturaliter*, por la figura de Hermes, si bien se tratase de un Hermes distinto de su acepción más común y superficial. No el Hermes mensajero, ícono de la transmisión del pensamiento y, por lo tanto –según la creencia popular– de la comunicación, sino el Hermes ícono del silencio.

Se dice que cuando, en medio de una agitada conversación, caía de improviso un instante de silencio, los griegos exclamaban "¡Pasa Hermes!". No el Hermes mercante de palabras y formas ya hechas, sino, confundiéndose con el Ángel auroral de la mañana, el Hermes Formante Originario, el Hermes que, transformado en custodio de la humanidad, la constituye en el conocimiento. ¡Siempre dios de plaza, faltaría más! Dios de las encrucijadas y de los encuentros, de la interacción, en suma, pero en su aspecto más significativo; entendido no como constructor de una *sophia* individual y peregrina (alada, si se quiere), sino sólida y común.

Y *comunes*, precisamente, son los *modelos* que este libro se propone, para nosotros hoy, llevar a la luz; en el arte, sí, pero también en la ciencia y en la comunicación. El resultado es una radical opción para una saludable depuración crítica –para la cual el pasaje a través del silencio es, entre otras cosas, momento indispensable– de aquel (del modelo) científico y para una radical transformación de aquellos (de los modelos) actuales, a manera de estereotipo, en los otros dos campos: en el campo del arte y todavía más en el de la comunicación. Una operación, digamos, con el guante invertido, que nuestro Hermes, puesto al contrario, puede todavía bien significar y que la repetición de un núcleo de citaciones (de un núcleo de lugares teoréticos) más o menos inmutadas a través de los varios ensayos aquí recogidos sustancian con convicción profunda, tanto mía como de los pensadores aludidos.

Ya se sabe: ¡*repetita iuvant*! Siempre (¡es sabiduría antigua!), y sobre todo en casos como el de este libro mío, donde las verdades sobre las cuales se pide a los lectores convenir no aparecen de inmediato tan cercanas respecto a lo que comúnmente se cree. Recogiendo los ensayos en este volumen, habría podido quitarlas (tales repeticiones) utilizando conocidos instrumentos como las notas y los reenvíos entre un ensayo y otro, pero, por lo que ya decía, preferí no hacerlo. Además del hecho de que no habría sido ni siquiera fácil desmembrar estos ensayos míos en tal modo (las citaciones en cuestión no son apéndices marginales sino propiamente esqueletos), habría también privado a mis lectores de la posibilidad de conocerlos no solo unitariamente (en la unidad del libro), sino también en total independencia los unos de los otros, con la consecuente, gratuita y en tal sentido siempre indeseable reducción de su espacio de libertad. Sinceramente no me pareció una buena cosa. Espero que los lectores me perdonen si me he equivocado.

Nota

De los escritos aquí recogidos, algunos son reelaboraciones de conferencias impartidas en estos últimos años en algunas universidades americanas (Yale, Toronto, Montreal y Ottawa), europeas (Bochum) e italianas (Trento), o bien en otras instituciones culturales (la Casa Matha de Ravenna, los Museos de Brescia, los Museos de Salonnico); otros son ensayos escritos para volúmenes con varios autores y que todavía no han sido publicados.

Escritos ya publicados: 1995, "Estetica e semiotica: il 'ribaltone' post-strutturalista", *Quaderni di Italianistica*, Università di Toronto, vol. xiv, n. 1.; 1996, "L'arte? L'estetica va bene, ina la scienza che c'entra?", en S. Zecchi, editado en *Estetica '95: le arti e le scienze*, Bologna, il Mulino; 1996, "Neo-avanguardia italiana ed epistemologia: L. Anceschi pensatore europeo", *Poetiche*, n. 2, con el título: "Anceschi e l'europeismo epistemologico della neo-avanguardia italiana"; 1997, "Dell'interpretazione", *Bollettino di analisi e teoria musicale dell'Università di Bologna*, anno iv, n. 1; 1998, "Scienza, tecnica e arte: dal fisico del segno (dell'oggetto) alle sue pratiche", *Parol*, n. 14; 1999-2000, "Contro la teoria standard della comunicazione: non solo Leibn...", *Parol*, n. 15, con el título "Il silenzio di Ermes - contro la teoria standard della comunicazione: non solo Leibniz..." y alguna variación en el texto; 2001, "Museo e sperimentazione: sull'identità dell'arte al compimento del Millenio", en Stradiotti, R., Capella, M., Morandini, F., editado en *Arte, Musei e società*, Comune di Brescia, Grafo Edizioni.

La bibliografía, finalmente, no tiene la pretensión de ser exhaustiva. Han sido enumerados únicamente los textos que, por alguna razón más o menos explícita, han entrado en mi recorrido.

De la interpretación

Días felices

Si para un problema los días felices no son aquellos en los cuales es resuelto y es, se puede decir, sepultado en nuestra memoria con todas sus cenizas; sino aquellos en los cuales, poseyéndonos, nos destroza y, casi turbándonos, nos arrastra de un lado a otro sin jamás dejarnos ni regalarnos un momento de sano olvido y de tregua; pues bien, hay que reconocer que estos días que estamos viviendo son, para la interpretación y para todas las cuestiones a ella relacionadas, días verdaderamente felices. Que se discuta de estructuralismo, que se lo oponga por un lado al formalismo y, por el otro, al posestructuralismo o, no sé, a la deconstrucción; o bien que en sentido amplio se oponga el posmodernismo al modernismo o la hermenéutica a la epistemología y viceversa, el centro en torno al cual se gira siempre es el mismo: nuestra relación cognitiva con el mundo (con las cosas), nuestra relación cognitiva con los textos (con el texto) –ya sea que se piensen recíprocamente sucedáneos o no, poco importa– y sus legalidades, es decir, sus legítimas o legitimadas modalidades, según los espacios y los tiempos.

Como olas, la historia propone y vuelve a proponer la cuestión y esta es discutida cada vez en forma diversa. No necesariamente retorna –como alguien ha dicho en otro campo– en forma de farsa. Ni tampoco la problemática de nuestro conocer debe ser necesariamente vivida como una tragedia. Tragedia puede ser para quien, creyéndose (queriéndose) omnipotente, se frustra por la distinta realidad de las cosas; pero no para quien, consciente de todos nuestros límites, aprende a gozar de lo posible que le es concedido y de los permisos cognitivos que, en su interior, la historia nos autoriza perseguir en cada ocasión. Es iluminante lo que Jung nos relata al respecto, a través de su experiencia en África (1967). Experiencia que anunciaba reflexiones en torno al nudo historia-mente, que llegarían a la conclusión que nuestra mente se muestra como una construcción histórica a la par de cualquier otra, excepto tal vez a la evidencia de este mismo principio. O, mejor aún, excepto este principio constituido, en sí mismo, como históricamente evidente.

Si este regreso del problema de la interpretación carece, entonces, de la dialéctica farsa-tragedia, no está, sin embargo, libre de un poco de pena. Y no tanto porque confirme la sospecha –a menudo, pienso, sorprendente para casi todos– de que los hombres vivan su vida recomenzando la historia siempre desde el principio, sino porque el debate, en este caso, parece flotar sobre sus propios fines, llegando a dar, en conclusión, una penosa impresión de futilidad.

Los fines implícitos de un debate similar no pueden ser sino teoréticos; no pueden ser otra cosa que pertinentes, en suma, al conocimiento y a las relaciones que en algún modo este establece con el horizonte de nuestras verdades; y contrariamente, se tiene toda la impresión de que son o deban ser dirigidos por intereses políticos, digamos así, en sentido amplio, o mejor aún, con Aristóteles, uno que de estas cosas entendía, por intereses prácticos[1]. Intereses de escuela, de amistad, de carrera;

---

[1] Es conocida la distinción que hace de todas nuestras posibles actividades en solo dos grandes familias: la familia de las *teoréticas* y la de las *prácticas*. Considero las "poiéticas" un subconjunto de las prácticas. ¿No es el mismo Aristóteles el que las unifica cuando en

                                    Luciano Nanni

en suma, pertinentes a la fortuna personal de cada participante en el debate, más que al bien común de nuestras mentes. Entendámonos, intereses en sí dignísimos (¡faltaría más!), pero no si van escondidos o disfrazados de manera explícita con la bandera de la objetividad – que sería ya algo *kitsch*, de ratón de campo, con todo respeto para el campo y para los ratones, naturalmente– o incluso con la bandera de la intersubjetividad de la ciencia. Ocultamiento no necesariamente doloso, no necesariamente intencional o fraudulento, pero no por ello menos engañoso y dañino.

Un ejemplo clamoroso de lo anterior es el *lapsus* televisivo de Gianni Vattimo. Después de haber pasado toda la vida negando la posibilidad de la *descripción*, es decir, la posibilidad de tomar distancia del objeto de estudio y mirarlo de alguna manera desde afuera – solo en línea de principio, naturalmente, pues en línea de facto la confusión es siempre posible –, libre de las influencias del estudioso para de esta manera intentar verlo solo en su particular verdad (identidad); después de haber atacado duramente por años a la ciencia y la epistemología respecto a estos temas, sosteniendo con Nietzsche que no existen hechos (entidades objetivables, en suma), sino solo interpretaciones, y yendo incluso más lejos que Nietzsche, al sostener que dicha afirmación no puede ser otra cosa que una interpretación (Vattimo, 1996); después de llegar a un radicalismo hermenéutico extremo, tal de negarnos

---

conjunto las opone a las teoréticas? *Teoréticas* son las matemáticas, la física, la teología o metafísica (nótese, para conforto de quien, incluso en la actualidad, considera que la filosofía se reabsorbida dentro de la ciencia en general, que la física y la metafísica están aquí ya juntas) y *prácticas*, precisamente, las otras, aquellas que no son contemplativas, sino dirigidas únicamente a *producir algo ex novo*, ya sean acciones morales (actividades prácticas en sentido estrecho) o acciones (cosas) físicas (actividades poiéticas) (Aristóteles, 1973, *Metafísica*, VI, 1025b, 1026a).

en absoluto la posibilidad de aprehender no tanto la identidad en sí de las cosas –límite que no provocaría, después de Kant, sorpresa alguna– sino la de los textos, de los discursos (de cualquier discurso) con el cual tuviéramos que ver, o producir, acerca del mundo o de nosotros mismos; pues bien, decía, Vattimo, interrumpida su participación (debo decir indelicadamente, pero esa no es la cuestión) en un programa de televisión por uno de sus interlocutores, ¿qué hace? ¿Cómo reacciona? Se va de la transmisión acusándola de impedirle la posibilidad de explicar (digo "explicar") el contenido de su último libro[2]. ¡Increíble!

O una u otra. O se puede legítimamente creer en poder explicar el contenido de un texto, a la letra; de poder abrirlo y describir lo que este contiene, sin modificación alguna, y entonces es necesario quitar totalmente el postulado primero y extremo de que todo sea interpretación; o bien no, no se puede, y entonces es inútil enojarnos con quien prevarica nuestro discurso; después de todo, aun cuando tuviéramos toda la eternidad a disposición, no conseguiríamos jamás decir (aprehender) exactamente, objetivamente la íntima verdad de este. Recordemos a Schleiermacher, manteniéndonos en la era moderna, para quien hermenéutica y oscuridad van de la mano: afirmar la imprescindibilidad de una es como afirmar la eternidad de la otra. Lo que no se puede hacer es saltar de un principio a otro por conveniencia. Costumbre no solo de Vattimo, sino, como decía al inicio, actitud facilona y superficial generalizada en el debate sobre la interpretación, hasta llegar al punto que dicha actitud es fondo y atmósfera; atmósfera que no creo sea conveniente alimentar con más oxígeno y carburante, y tampoco de parte mía.

---

[2] El programa televisivo al que me refiero es *L'altra edicola*, transmitido en el otoño de 1996, en la TV italiana.

    Luciano Nanni

Otros, y entre ellos se encuentra el que esto escribe, consideran que las cosas están más complejas, y que interpretación y descripción (explicación) no deban ser necesariamente pensadas en forma de recíproca exclusión. Piensan que sea buena idea introducir en el análisis de sus relaciones la noción de "nivel", y que al hacer esto el nudo a desenredar sea menos intrincado, encontrando tal vez, entre las dos prácticas, oposición en un nivel y colaboración en otro. Así, para no abandonar la cuestión y afrontarla en modo diverso, profundizando lo que se ha señalado por vías menos retóricas o televisivas, sugeriría a mi lector una especie de *intermezzo* epistémico, o como se suele decir, tomar una pausa de reflexión, autónoma y nuestra, en la cual intentemos, abstrayéndonos por un momento de la red de nuestros lazos cotidianos, convertirnos en lugares de pura autoconciencia para procurar ver con un ojo lo más inocente posible toda la cuestión e individuar en ella, si es posible, los puntos nodales o las líneas de organización; un poco como sucede al rumiante –imagen que intervendrá, veremos, heurísticamente en los puntos cruciales de este escrito–, cuando está en la quietud del establo después de pastar.

No debe escandalizar la apuesta sobre la practicabilidad de un ojo inocente, de uno ojo que, explicado según la etimología, no conlleva daño, no modifica lo que estudia, lo que asume en el análisis. Es el ojo sobre el cual la ciencia misma se juega la posibilidad de su propia existencia, como no se cansaba de recordarnos amablemente el difunto Giorgio Prodi, particularmente eficaz en estas argumentaciones (1983: 5-6). Naturalmente en línea de principio, ya que, en línea de facto, siempre es posible que un analista incapaz traicione la realización de lo que lógicamente le está permitido hacer. Opinar diversamente equivaldría a negar al buey su naturaleza de rumiante, simplemente porque el ejemplar que tenemos delante tiene, digamos, la mandíbula paralizada y no consigue llevar a la práctica su potencialidad. ¿Por qué asombrarnos de este presupuesto científico? ¿No se trata de un ojo que damos por sensato en nuestras prácticas cotidianas? Considerado sensato incluso por quienes lo niegan, ya que pueden negarlo solo dentro del presupuesto de su existencia y practicabilidad. ¿La afirmación de la impracticabilidad del ojo inocente no presupone la practicabilidad de un ojo capaz de ver exactamente esta cosa, así como está, y por lógica sin contaminarla, y por lo tanto inocente? No hay escapatoria. Una vez que una cultura dada, por ejemplo, la nuestra, ha dado sentido a la descripción, la negación de la descripción se vuelve, en su interior, imposible, porque sería ya una descripción: la descripción de la imposibilidad de la descripción. Se puede limitarla en sus pretensiones infundadas, como veremos, pero cancelarla del todo, no.

Como Giorgio Prodi no se cansaba de subrayar, ¿no es bajo el signo de su posibilidad que nosotros damos sentido también a nuestro conocimiento cotidiano? ¿No es cierto que a menudo nos dejamos llevar haciendo afirmaciones como "Quisiera ser diferente, pero así soy yo", o bien "¡Ah, no, esto no es para mí, mis gustos son diferentes!"? ¿Y no es cierto que, hablando de esta manera, no presuponemos que decimos cosas insensatas? ¿Y no es precisamente sobre la apuesta por la practicabilidad de un ojo capaz de ver cómo somos exactamente[3], es decir, un ojo inocente en el sentido previamente indica-

---

[3] No está aquí en juego la posibilidad de ver cómo "somos exactamente"; posibilidad no insensatamente pensada en línea de principio solo si consideramos el "cómo somos exactamente" con el añadido "en el interior de una cierta práctica" –cuestión que retomaré mejor en el curso de las próximas páginas–, sino solo el hecho de que se da por descontado que este tipo de ojo sea para nosotros de cualquier forma practicable. La ciencia no se lo inventa. Más bien, la ciencia interviene, como veremos, para reducir los poderes que nosotros ya cotidianamente le concedemos.

Luciano Nanni

do, que se puede considerar tales frases como sensatas? ¿Qué otra cosa, si no?

Ningún problema debería haber entonces en el seguirme hacia el *intermezzo* programado. *Intermezzo* en el cual intentaré resaltar la explicación de algunos principios teoréticos de fondo; obviamente, dada la vastedad del problema y la exigüidad del espacio (este escrito pretende ser un ensayo y, además, por consigna, no largo), de manera general y en referencias y direcciones breves.

Nada más, entonces. Dejaremos, como se anticipaba, a algunas consideraciones finales la tarea de concluir sobre las relaciones entre interpretación y descripción apenas referidas. La descripción (la explicación) no es argumento programado para este ensayo –ya en otras instancias me he ocupado del mismo de manera extensa (Nanni, 1994)– pero si, como se puede intuir, no es posible interrogarse acerca de la interpretación sin tenerla presente –ya sea como fondo contrastivo o complementario– no se podrá no decir algo de ella directamente.

Y, además, porque es siempre bueno tomar conciencia de lo que se está haciendo. Y el presupuesto que aquí me guía, de hecho, no es para nada el de interpretar la interpretación, sino precisamente lo opuesto; es decir, intentar trazar un cuadro objetivo, y por lo tanto una descripción, de su realidad[4]. No otra cosa. El señalamiento hacia el ojo inocente no hace sino consolidar mi intención. Siempre y solo en línea de principio, ya que después, en los hechos concretos, podría también yo terminar por caer en una gran confusión. A mi lector corresponde juzgar.

---

[4] Realidad de la interpretación, se entiende, no de lo que esta interpreta. Estamos todavía en la distinción entre práctica y cosa en sí, entre fenómeno y noúmeno, y en lo que de acuerdo con las prácticas (los fenómenos) es legítimo hacer.

Intermezzo *epistémico*

Vista y revista la cuestión, los problemas que hay que separar para realizar algunas profundizaciones me parece que son fundamentalmente tres. Todos en el ámbito común no están bien concientizados, a mi parecer, y por lo tanto son causa de dañinas impropiedades verbales e inevitables confusiones mentales relacionadas.

El primero se refiere a lo que, en la interpretación, en la noción de interpretación, permanece constante y aquello que por el contrario debe considerarse cambiante. También la interpretación, como el Ser para Aristóteles, puede ser concebida en muchos modos, pero ordinariamente parece que no se sepa.

El segundo se refiere, sobre la misma línea, a la noción de contexto. Existe contexto y contexto, pero el uso que se hace de esta noción se nos presenta también aquí como única, internamente homogénea y en un solo nivel. En realidad, distinguir dentro de esta es necesario, ya que los contextos no difieren solo materialmente, lo cual es normal –contexto, es de hecho, término común en numerosas situaciones concretamente diferentes–, sino también en la lógica de funcionamiento y esta no se puede absolutamente pasar por alto, so pena de caer en una confusión cognitiva letal; un poco como si se confundiese un recipiente con una rueda a partir del hecho de que en una carretilla, digamos, están presentes ambos.

El tercero, finalmente, se refiere al centro propulsor de todo. El principio motor de la interpretación queda evidentemente por examinar, además de la revisión crítica de la noción de contexto y la de individuo a la cual se continúan atribuyendo, alucinatoriamente diría Kant, poderes en este asunto que para nada tiene. Pero vayamos al primer problema.

a) Interpretación: identidad vs. significado

Entendámonos, no es que la identidad no sea un significado; no sea, vamos, un signo dotado de un concepto. Digamos aquí también que hay concepto y concepto. Existen conceptos puramente genéricos e indicativos, y otros que entran en estos y analíticamente los especifican, en un nivel u otro. Propongo llamar "identidad" a los primeros y "significados" a los segundos. Los segundos trabajan cognitivamente en algo que está ya dentro de la cultura, algo (precisamente) que los primeros ya han traído al interior, algo que los primeros han recogido de lo indiferenciado de la naturaleza, haciendo de ello cultura. Si se quiere hablar de una interfaz entre cultura y naturaleza, pues bien, esta sería constituida por los primeros y no por los segundos. Siempre en primera instancia, naturalmente, porque en absoluto cada concepto puede funcionalmente asumir el rol de interfaz para otro que lo especifique. Se trata, en suma, de identidades que van concebidas en conjunto, y por lo tanto relacionales y jamás, precisamente, absolutas. Un poco como sucede con la denotación y la connotación en la lengua. El concepto que funge como denotación, en una situación comunicativa, puede después fungir como connotación en otra, y viceversa.

Si así se conviene, el significado no solo sigue a la identidad, sino que de ella es consecuencia. A menudo los dos momentos pueden no ser prácticamente distintos, pero lógicamente no son confundibles. Podemos producir *in primis* significado, pero la identidad no es que no exista: es solamente dada por descontada, y lo que parece *in primis*, digamos así, es solo tal en apariencia. Alucinatoriamente, se podría repetir con Kant. Esto se puede comprender bien si pensamos en las entidades con las cuales mantenemos relaciones según los tres momentos fundamentales de su ser, o si dividimos su ser (su vivir) en sus dos espacios de fondo. Los tres momentos son: la ausencia (la entidad culturalmente no existe), el aparecer (el momento en el cual la identidad nace en la cultura o viene generada por la cultura, que a fin de cuentas es lo mismo) y el vivir (el momento en el cual, después de haberla generada, la cultura la hace precisamente vivir según ella misma). Los dos espacios son, por otro lado, aquel que va de la ausencia a la presencia (en otra instancia he propuesto llamar a este espacio según la terminología más obvia, es decir, espacio genético); y el segundo, espacio resolutorio (Nanni, 1987), aquel que va de la presencia al uso, al uso (también teorético, no solo práctico) que una cultura hace de la identidad producida.

Me explico con un ejemplo, tal vez *shock* para algunos. Yo puedo ser visto como (tener el *significado* de) marido para mi mujer, de profesor para mis estudiantes, de padre para mis hijas, puedo ser visto (significado) como "bajo" por mis amigos, que me necesitaban para formar un equipo de básquet, o como "puntual" por mi vendedor de periódicos, con el cual regularmente, a las seis y media de la mañana, compro los cotidianos, y así sucesivamente; pero primero debo ser identificado como hombre, y tal identidad no me ha sido dada directamente por la naturaleza, en mi nacimiento, sino por mi padre cuando, una vez nacido, me registró con el nombre de Luciano. No antes, antes era solamente una cosa producida por la naturaleza como tantas otras, ya sean movientes o inertes. En este tenor, ¿cuántos hombres ha producido la naturaleza que nunca han sido hombres, que nunca, quiero decir, han sido considerados tales? Por ejemplo, los niños imperfectos en Esparta, los negros en una América no tan lejana, y tantos otros que podemos enumerar. También ser humanos y no cosas es una decisión de la cultura, y no todas las culturas deciden de la misma manera. Se puede ser hombres en una cultura y no hombres en otra. Lo que es cierto es que, si en nuestra cultura no se me hubiese dado la identidad de hombre, nadie me habría secundariamente significado en los modos indicados (puntual, marido, etc.). Yo puedo ser considerado puntual, marido, etc., porque soy considerado como Luciano Nanni (un hombre de nombre Luciano Nanni) y no viceversa.

Ahora bien, yo no tenía ningún poder respecto a la decisión de ser considerado o no como hombre; ha sido una decisión autónoma de la cultura (del *a priori* cultural) en la cual nací. Y no tanto porque era todavía pequeño, desnudo y mentalmente inerte, sino porque, por principio, los individuos y las cosas, en este nivel y en este espacio, no tienen ningún poder de decisión respecto a su identidad. El escurrebotellas –para comenzar a usar un ejemplo del campo que directamente nos interesa– no se convirtió en arte en virtud suya, sino gracias a la poética de Duchamp, que lo tomó del negocio del cantinero y lo dislocó en una galería de arte, delegándolo para funcionar como su, para decirla a la Eliot, *correlativo objetivo*. Y así la *Gioconda* y así cualquier otra obra, ya sea verbal, sonora o qué sé yo. Sustraídas de la cultura que las ha delegado para ser arte, estas podrían no tener ninguna identidad o ser otra cosa[5].

Las cosas son del todo diversas en el segundo espacio. Yo no puedo inventarme "hombre", pero una vez que alguna cultura me haya inventado como tal, entonces, en aquella cultura, *no todos los significados pueden atribuírseme*. No puedo ser considerado "marido" si no lo soy, no puedo ser considerado "profesor"

---

[5] En el arte conceptual se muestra en claro un principio culturológico (es arte lo que se decide considerar como arte) que no es solo de todo el arte, sino de toda identidad cultural en general.

si no lo soy, no puedo ser considerado "bajo" si no lo soy y así en adelante. El escurrebotellas de Duchamp no puede ser considerado rojo si no lo es, no puede ser considerado privo de pernos cilíndricos (cuernos) si sí los tiene; no puede, en suma, ser significado de acuerdo con la mentira. Si en el arte el primer espacio, aquel productivo de la identidad de arte, es de estrecha pertinencia de los estudios estéticos, el segundo se reconoce como el de la crítica; y si una cosa (un texto) no puede tener poder de decisión respecto a su acceso en el arte o no (ya hemos visto), se reapropia sin embargo de la posibilidad del discurso que lo atañe en el espacio de la crítica. La crítica no puede decir de una obra lo que quiere, sino solo lo que puede, y este poder ajusta necesariamente las cuentas, por un lado, con los límites culturales del crítico (ningún crítico puede individuar niveles de significado psicoanalítico en un texto si no conoce de alguna manera el psicoanálisis) y, por otro lado, con lo que la obra (el texto) no es, con lo que en otra instancia he propuesto llamar el *no-cuerpo-real de la obra*[6]. Y nada más.

Ahora, si el término "interpretación" en el fondo significa, antes que todo, relación (y así no puede no ser, si es verdad que implica siempre una relación entre dos polos), es de consecuencia válido que, como frecuentemente sucede, venga usado indiferentemente en los dos espacios, tanto para indicar la constitución de las identidades (identidad artística obviamente en el arte), que de los significados críticos de una obra. Nada que decir. Es totalmente legítimo su doble uso.

---

[6] Ninguna obra puede ser significada (interpretada) psicoanalíticamente, si no contiene materia psicoanalítica. Si algún crítico se aventurase a no tener consideración de esto, correría el riesgo de ser desmentido. Naturalmente, por otros que conozcan el psicoanálisis. Pero esto no debe maravillarnos: siempre comprobamos lo que ya conocemos. Y solo eso. Nada más.

　　　　　　　　　　　　　　　　　　Luciano Nanni

Lo que no es legítimo, en cambio, es pensar que, de consecuencia, también las legalidades que la rigen en los dos espacios sean las mismas. Ya hemos visto que no es así y que, si en el primer espacio (el genético) la libertad del usuario (del intérprete) del mundo está del todo conectada a sus necesidades y a sus conveniencias, en el segundo, en cambio (aquel que se ha propuesto llamar resolutorio) también la cosa (también el texto) cuenta, y con su realidad el intérprete debe ajustar cuentas. Luego, cómo deban relacionarse, si monosémicamente o polisémicamente (si poniendo atención a un solo nivel de significado del texto o a todos sus diversos niveles) es todavía cuestión que deriva de la identidad de la cosa (del texto) en juego y de las convenciones a esta conectadas históricamente. Sería un argumento, este, que nos llevaría demasiado fuera de nuestra actual línea y conviene no considerarlo. Lo que cuenta es reiterar que en la interpretación la constante es la idea de relación en sentido amplio, no los principios que la regulan en los dos espacios donde esta puede ser activada.

b) Relación: contexto homogéneo
vs. contexto heterogéneo

Otro concepto usado a menudo de manera burda es el de contexto. Sucede frecuentemente que se crea un sentido, no digo de desestimación, pero sí seguramente de normalización, respecto a un tal vez sutil análisis de los mecanismos interpretativos por un "¡Ah, ya!, depende del contexto", puesto en acción por el interlocutor del momento con clara intención resolutoria e implícita condena que reduce a fútil academicismo cualquier otra consideración al respecto. Y, sin embargo, no; hay contexto y contexto, y la cuestión no es para nada simple. También aquí se puede hacer la hipótesis de una constante semántica, que en este caso tiene ver seguramente con la etimología de la palabra: contexto deriva de *cum* y *texere*, es decir, "tejer en unión"; relacionar, vamos, el texto con algo más que texto no es. Ahora bien, las reglas que guían este "tejer en unión" no son, en absoluto, siempre las mismas. Si el tejer en unión permanece inmutado, no resultan, en cambio, inmutadas las cosas (el género de cosas) que son tejidas juntas y sobre todo las lógicas de ese tejer unificado. Lógicas que, así, de un primer vistazo (pero puede ser un "vistazo" difícilmente agudizado por una profundización de su análisis) parecen ser en el fondo dos, verdaderamente inconciliables. Todos los contextos en los cuales algo sucede, en los cuales un texto (una obra de arte) vive, pueden ser agrupados en dos grandes familias: una sería la de los contextos, podríamos decir por ahora a falta de otros términos tal vez más apropiados, homogéneos al texto, y otra, en cambio, de los contextos respecto al mismo, heterogéneos.

Intentaré explicarme con un ejemplo: pongamos una sala de conciertos en cuyo interior se esté ejecutando (tejiendo) una obra, no sé: "un cuarteto para arcos". Y bien, contexto es lo que está alrededor, lo que inevitablemente la situación le teje en torno. ¿Y qué cosa le está alrededor? Antes que todo, otros sonidos: sonidos y ruidos producidos por los oyentes, por ejemplo, o bien por cualquier otra fuente de la cual provengan, y este es el *contexto homogéneo* (¿qué otra cosa si no?). Y luego está la sala misma, el lugar, en suma, en modo totalmente incluyente. ¿Se puede tal vez sostener que el lugar no sea *con-texto*, precisamente, con la obra que en él es ejecutada? Imposible: una cosa, un evento que no "tenga lugar" no existe, no puede ser de este mundo. El espacio con el tiempo, lo sabemos, son la condición primera del aparecer de

Luciano Nanni

las cosas, y esto es, precisamente, el *contexto* que he llamado *heterogéneo*: de otro género respecto al texto de referencia. El lugar es inseparable del texto (de la obra), pero no es de su mismo género, no está constituido ni es constituible, en línea de principio, por su misma materia. ¿O no?

Ahora bien, estos dos tipos de contexto se relacionan con su texto, con la obra con la cual están tejidos, en modo radicalmente diverso. Tan diverso que en la presencia necesitada de uno (contexto heterogéneo) se contrapone la inevitable ausencia del otro (contexto homogéneo). El contexto homogéneo tiene un estatuto curioso: está para no estar, para ser nulificado y su nulificación puede suceder en dos modos: o por *cancelación* (¿quién no tiene presentes los "¡silencio!" lanzados a quien, en una sala de conciertos, habla o hace ruidos varios? ¿Quién no tiene presente –"no ha vivido"– la vergüenza de la propia tos, por ejemplo, en una situación similar?), o por *englobamiento* en la obra. Pienso, por ejemplo, en algunos *performances* de John Cage; cada ruido de la sala era, por decisión de su poética, obra, y por lo tanto texto, con su función (como obra) como tal. De frente a esto, repito, es muy diverso el rol de la sala, del contexto heterogéneo. No solo no puede no estar presente, sino que es su presencia, históricamente significada, la que dicta (tácitamente) las reglas de uso del texto, de la obra en cuanto obra, y por lo tanto también del contexto homogéneo, tendiendo a expelerlo, si es ruido; o a hacerlo interpretar de acuerdo con las legalidades de la crítica de arte del tiempo, si está englobado en el texto, si ha sido hecho obra, en suma. Pero aquí estamos en la cuestión del motor del todo: ¿quién decide las reglas de la interpretación; las reglas con las cuales uno se debe relacionar con el texto? ¿Con la obra de arte en particular, en este caso? Que es como decir: ¿quién liga en unión significación e identidad de un texto (y regresamos así al inicio de nuestro *intermezzo* epistémico), ya sea en general como en particular?

Cierto que tratándose de cuestiones éticas (en su etimología: de producción de comportamientos *ex novo*); de cuestiones, en suma, práctico-poiéticas, para decirlo con Aristóteles, no teoréticas y por lo tanto de prácticas que, en su proponerse, no deben sentirse controladas desde el exterior por algo que ya está dado por presente y que solo debería ser conocido, uno ciertamente puede decir su opinión; cada uno de nosotros (trátese de un individuo, grupo determinado o colectividad más extendida) puede batirse para construir el mundo que ama, pero es igualmente cierto que si esto sucede en una sociedad pluralista y democrática, la conciencia colectiva vencerá siempre sobre la de los individuos, ya sean solitarios o grupos. Estamos, de cualquier manera, con estas consideraciones, en las cuestiones programadas en el punto c) y a este pasamos.

c) ¿Quién decide las reglas de la interpretación?

Para explicarme acerca de tal cuestión recurro generalmente a algo que Eco ha tomado de la *routine*, de lo obvio, digamos, volviéndolo un modelo del pensamiento argumentativo más avanzado en este campo nuestro y como tal, en todos lados citadísimo. Me refiero a su delimitación del problema de la interpretación al interior del espacio comprendido entre la intención del autor (*intentio auctoris*), la intención de la obra (*intentio operis*) y la intención del usufructuario (*intentio lectoris*) y nada más. Suceda lo que suceda a la interpretación, sus movimientos encontrarán siempre su motor constitutivo y su explicación en el interior de las tres intenciones indicadas (las únicas para Eco), individualmente consideradas o en plexo de cuando en cuando diverso (Eco, 1986).

Y bien, para evidenciar la alucinatoriedad de tal modelo yo respondo, normalmente, con el ejemplo de la barca. Pensar en tal modo sería como pensar que la identidad de barca de una barca tenga que ver únicamente con la intención del carpintero que la sabe construir, de la barca misma (de su lógica, vamos) y del barquero que la usa; y no también con otra intención, otra lógica, diversa de estas tres indicadas, pero no cuarta respecto a ellas, sino primera, porque resulta su motor único y matriz profunda. Me refiero al mar (al agua y a su lógica): quitemos el mar, y la barca, su constructor y su usuario serían vanos, nulificados como por encanto. En un mundo sin agua, sin líquidos, ¿es pensable acaso la barca? Todo lo que a la barca sucede le sucede por causa y en virtud del agua y no viceversa.

¿Cuál es entonces la intención equivalente a la del mar en el campo de la cultura? Simple: la que en otro lugar he propuesto llamar *intentio loci* o precisamente *intentio culturae*, intención de la cultura; después de haber reconducido el término cultura a su etimología, naturalmente: cultura de *colo, colis, colui, cultum, colere,* o bien, *cultivar.*

Es la cultura que funge de haz de formantes primario y cultiva las cosas llevándolas a la identidad por ella deseada; haz de formantes de los cuales los lugares son los significantes, que con los lugares forman entonces los signos que contienen las instrucciones de uso de los textos (de las obras). Y aquí el círculo se cierra, porque estos signos-instrucciones ya los habíamos encontrado en la noción de contexto *heterogéneo* con la cual precisamente los lugares coinciden[7].

---

[7] Si alguien considerara que Eco ha teorizado a su vez esta *inten-*

Naturalmente, hablando siempre de la idea de interpretación que tenemos en general, a nivel de conciencia colectiva. Nada impide que cada uno de nosotros tenga su particular idea de interpretación, pero me parece descontado que, si aquí nos interesamos por las reglas de la interpretación, estas reglas no pueden ser aquellas idiosincráticas de cada uno de nosotros, sino aquellas que a todos y de la misma manera nos involucran. Un poco como sucede a un vendedor en un quiosco de revistas. Él puede estar a favor de una cierta parte política y por lo tanto desear solo la venta de los periódicos de su partido; pero solamente en cuanto hombre político, ya que, en cuanto vendedor de periódicos, no puede refutarse a vender y por lo tanto difundir también periódicos que personalmente quemaría, so pena de la clausura de su ejercicio; la pérdida, en suma, de su licencia pública. Sujeto privado y sujeto colectivo (quiosco de revistas) no coinciden, y si nuestro vendedor es propietario material del quiosco, no lo es, en cambio, de su lógica de funcionamiento. Sujeto del quiosco en cuanto tal no es él, sino nuestra conciencia colectiva que, en la medida en la cual es democrática, le impone un código democrático de comportamiento al interno del cual está prevista la obligación de vender también los periódicos que él, en cuanto individuo en singular, no ama. Además, si aceptamos sin reservas la existencia de un sujeto colectivo en otros campos, por ejemplo, en la lengua, ¿por qué su existencia debería sorprendernos en el campo de la interpretación? La lengua –afirma Saussure– no está completa en ningún

---

tio culturae baja la noción de "enciclopedia", que se sabe, para él es opuesta a la noción más metafísica de "diccionario", pienso que se equivocaría, porque Eco hace de esta noción suya un uso solamente filológico y no lógico. Es importante tenerla presente para entender mejor los contenidos del texto en su génesis, pero no nos dice nada respecto al uso que nosotros debemos hacer de ellos y del texto que los contiene: si usarlo monosémicamente, polisémicamente, etc.

                                          Luciano Nanni

hablante en singular, sino en su conjunto (1962: 23). Nada verdaderamente qué replicar. Los sujetos colectivos existen y deciden respecto a nosotros a través de la puesta en campo de códigos de uso de cosas y signos, de los cuales los lugares son los profetas físicos, los significantes materiales y nada más.

Uno se preguntaría ahora cuáles son las instrucciones de uso de los textos en cuanto textos-arte, dictadas, hoy, por los lugares de arte: galerías, museos, colecciones editoriales, etc. Cuestión, también esta, muy compleja, que no puedo sino limitarme aquí a señalar. Lo haré con algunas consideraciones finales, en conjunto con aquellas breves promisiones aún por realizar respecto a las relaciones entre descripción e interpretación.

Conclusiones

¿Cuáles son, entonces, estas reglas colectivas, estas instrucciones generales para el arte, para la interpretación artística de los textos, hoy?

Sentimos, intuimos todos, que se trata de reglas diversas de aquellas que nos guían en su interpretación práctica e instrumental. Y no digo tanto de los textos, digo de los mismos textos, ya que la artisticidad no parece para nada ser, como ya se ha visto, función de su estructura sino de su modelo de uso, de su modelo (como ya habíamos visto con la cuestión de la identidad) interpretativo. ¿Se puede acaso aprehender en alguna medida la artisticidad de un escurrebotellas a partir del escurrebotellas? ¿Se puede acaso aprehender la artisticidad (la poeticidad, en este caso) de la frase "Es miércoles. Llueve. Estoy en Cesena en casa de mi hermana casada", etc., a partir de la frase misma? ¿Más que el comienzo de una canónica, a estas alturas, poesía del siglo xx[8], no podría ser tranquilamente el inicio de una llamada telefónica, y por lo tanto de un discurso puramente práctico, o qué sé yo, de una carta?

Me parece definitivamente que no pueda haber dudas, y en general, para acometer frontalmente la amenaza de la incredulidad, digamos así, invito a mis lectores y oyentes a proceder a un experimento. Un experimento de aquellos que Galileo indicaba como mentales, es decir, convincentes intuitivamente, sin necesidad de ser efectuados.

Imaginemos, entonces, que entramos en un bar y fijamos atentamente el rostro del barman, diciéndole "Poesía", y después de una brevísima pausa, "por favor, ¿me da un café?". No es difícil imaginar para el barman un momento de perplejidad, de inmovilidad, casi como si se encontrara atorado, como he sugerido en otro lugar (Nanni, 1994: 169-210), entre dos cuchillas rotantes, como las de, digamos, las caricaturas japonesas. Y como nada sucede por casualidad, algo similar a las dos cuchillas rotantes indicadas, en su cerebro (en su mente), debe haber sido verdaderamente activado. Estamos de hecho todos de acuerdo, creo, que solo rebajando el término "poesía", reduciéndolo, pues, a una broma, el barman será capaz de salir de su inmovilidad de partida y nos dará el café requerido; y, viceversa, solo creyendo verdaderamente que, al decirlo así, nosotros quisimos ofrecerle una poesía, él se sentirá tranquilo por no darnos el café, pasando tal vez a una actividad de palabra con consideraciones sobre la mayor o menor belleza, sobre la mayor o menor provocación de una similar poesía. El término "poesía" aquí no forma parte del texto, sino del meta-texto (contexto) no homogéneo, sino heterogéneo: el término "poesía" se refiere aquí a los lugares del arte (lugares que, como todos los otros, pueden ser siempre represen-

---

[8] Se trata del poema "A Cesena", de Marino Moretti.

                                    Luciano Nanni

tados por una palabra) y horizontalmente se opone, contexto heterogéneo contra contexto heterogéneo, al "bar". La frase por significar es la misma: "¿Por favor, me da un café?", pero "poesía" y "bar" imponen hacerlo según paquetes de instrucciones diversas, según *langues* diversas, incluso opuestas (de aquí se explica, como en un ideal juego de tirar la cuerda, la inmovilidad de partida de nuestro barman); *monosemia* (uso monosémico de los signos) para el "bar" y *polisemia* (uso según la pluralidad de su realidad, ya sea física o mental) para el lugar "poesía" o arte de que se trate en general. Intuitivamente, nuestro barman siente que el "bar" le dicta lo siguiente: el único nivel de significado al cual debes poner atención, en esta frase, es aquel que intencionalmente ha inscrito en ella su autor; le debes dar un café y nada más. No puedes permitirte poner atención en otros niveles suyos de significado, aunque estén presentes. No debes poner atención al modo en el cual es pronunciada, al hecho de que el café pueda tener valores simbólicos; por ejemplo, evidenciar cargas contrastantes de oscura ritualidad en una sociedad que se considera tan crítica como la nuestra, y otras cosas por el estilo. Y así, se le prohíben exactamente aquellas cosas que, en oposición, el lugar "poesía" le impondría significar.

También aquí sería demasiado extenso ocuparnos de esta polisemia como cifra específica, hoy, de la artisticidad de una obra; ver cómo esta se diferencia de aquella propia de otras épocas, por ejemplo, del Medioevo; y de aquella propia de cosas, que, aun funcionando polisémicamente, no son vividas por nuestra cultura como arte. Cuestiones, reitero, de las cuales me he ocupado extensamente en otras instancias, por ejemplo, en mis libros que he citado aquí hasta este momento. Aquí me interesa recalcar que esta polisemia no debe ser atribuida a nuestros individuales "yo", sino a nuestro "nosotros", a nuestra conciencia colectiva; y que esta no legitima la crítica arbitraria, sino la libre frecuentación de los niveles de realidad, si existen y solo si existen, como hemos visto, de la obra, y que contra esta conciencia los individuos, en cuanto tales, no tienen absolutamente ningún poder.

Al respecto, es ejemplar el caso de una joven escritora nuestra: Lara Cardella. Disgustada por una interpretación de su primera novela; más aún, del todo irritada, pretendió hacer valer aquellos que ella consideraba sus derechos como autora del libro, denunciando a la justicia civil al crítico, autor de la interpretación en cuestión. Pero ¡sorpresa! ¡Gran sorpresa! El tribunal ignoró su pretensión y dio razón al crítico. Lo cual nos enseña al menos dos cosas: primero, que el artista es, hoy, el propietario material de su obra (nadie puede quitarle un pedazo, haciéndola circular mutilada), pero no es nunca el propietario epistémico (cada uno, si existen, puede descubrir en ella niveles de verdad congruentes a los propios paradigmas culturales); y segundo, que esta convención (esta *langue*), propia del arte actual, no tiene que ser aprendida (no es necesario frecuentar cursos específicos de estética para intuirla), sino que ya vive operativamente dentro de nosotros[9].

Cierto, la opinión del autor también cuenta, pero a la par de cualquier otro crítico. Por otro lado, si el artista se pone a interpretar su propia obra, rigurosamente hablando, ya no es más un artista, sino precisamente un crítico: son las funciones las que cuentan, no los cuerpos empíricos que las activan.

Así, interpretación (*significación*) será nuestra crítica; pero es descripción, en cambio, esta toma de conciencia mía, en línea de principio, de esta realidad

---

[9] El barman descubre que ya vive en él, sufriendo la incomodidad que de ella resulta; el juez la asume como "natural" guía de su decisión.

     Luciano Nanni

suya y de la decisión de la historia de darle, hoy, esta particular *identidad*.

Hemos visto que es postulado de la descripción –y estamos ya en las prometidas consideraciones finales– que exista algo ya dado como definido, tal que esta pueda pensar en asumirlo en la conciencia sin ser a su vez obligada –ya que sería su tumba, porque se convertiría a su vez en interpretación– a definirlo. Al pie de la letra, algo ya hecho. La oposición hecho vs. interpretación nunca me ha convencido. También la interpretación y el código que la regula (que le da su particular identidad), la *intentio culturae* que, como tal, la constituye, si son vistas desde el externo, se presentan a su vez como hechos. Más bien como los hechos por excelencia, se podría decir con Giambattista Vico; lo cual la epistemología crítica de nuestro siglo ha asumido, reduciendo la base de la descripción precisamente a la interpretación y solo a ella.

No podemos describir el electrón en sí –nos recuerda Heisenberg– sino solo la imagen (la interpretación) que del electrón nos construyen nuestros instrumentos. Es el preanunciado modelo del rumiante que regresa luminosamente en socorro para la conclusión de estas páginas, como icástica y correcta imagen de nuestro conocer. Primero, es necesaria una práctica horizontalmente abierta al mundo, en la cual el mundo entre y se determine según un cierto nivel suyo y un determinado punto de vista (el pastar, en este caso) y solo después, secundariamente, puede entrar verticalmente en campo (la asociación de la conciencia con la verticalidad sucede en nosotros *d'habitude*) el rumiar (el describir, el analizar) lo que ya, en el nivel primario, hemos introyectado en nosotros, en nuestra cultura. Contra el positivismo, no es ya la hierba en sí (el mundo en sí) que se pretende describir (incongruente en su indefinición con nuestra finitud mental), sino lo que nuestra cultura, precisamente, en su nivel primario del vivir, ha ya, a través de alguna práctica suya, acudido a definir. Y esto sin más distinción entre ciencias del hombre y ciencias de la naturaleza. Lo que vale para el electrón vale también para el mundo y la lengua (Heisenberg, 1955: 42-54)[10]. No es pensable una lingüística sin una *previa* conceptualización del mundo por parte de alguna lengua.

¿Dónde está entonces la diferencia con la hermenéutica? También en campo epistemológico tenemos, contra cuanto (engañosamente) la hermenéutica tendería a hacer creer, nuestras buenas "aperturas previas", aperturas de partida, pues; y, además, solo cerrando culpablemente los ojos la hermenéutica puede pensar en no practicar la descripción y cuanto a ella está relacionado. Como mínimo, pretendiendo precisamente ver una diferencia entre ella misma y la epistemología. ¿No es acaso una pretensión que implica un ojo externo a ambas? ¿Y no es el ojo externo el postulado de la descripción? Si no, ¿qué otra cosa podría ser?

---

[10] La oposición cartesiana *res extensa* vs. *res cogitans*, subraya Heisenberg, no puede ya servir como punto de partida para la ciencia moderna. Lo que no quita que una oposición entre observador (descriptor) y observado (objeto descrito) permanezca, pero se trata de dos niveles por individuar en el interior del sujeto (de la cultura) mismo (misma) y ya no en la contraposición interno (cultura) vs. externo (naturaleza). Con esa positivística "agua sucia" no se tira, vamos, también al niño "descripción", sino que solo deben ser reducidas, como ya he dicho, sus pretensiones esencialísticas.

Ciencia, técnica y arte: de lo físico del signo (del objeto) a sus prácticas

Precisiones preliminares

Como cada uno de mis oyentes o lectores puede bien comprender, las cuestiones puestas en el título (en argumento) de esta conversación son muy intrincadas y complejas. Se trata de tres argumentos con tradición milenaria, encarnados cada uno en bibliotecas enteras, que ningún hombre puede racionalmente pensar a estas alturas en poder en absoluto dominar. ¡Figurémonos si los tres argumentos son, como en mi presente caso, afrontados juntos y en sus relaciones contemporáneamente! Pero no hay que tener miedo. La complejidad no debe atemorizarnos, cuanto más si nos limitaremos, como haré yo aquí, a mirarla (digamos así) desde lejos para individuar en ella aspectos y lazos generales. Es la complicación la que tiene que evitarse. La complejidad, en cambio, si está simplemente presentada, bien venga: nuestra realidad es esta y no otra. Basta, repito, intentar explicarla sin esquemas postizos, ya sean enfáticos o demasiado lineales. Una ayuda para evitar tales peligros pienso que venga directamente del título que he dado a mi último libro, que he puesto como base de esta conversación. Pero vayamos con orden.

Los tres argumentos en cuestión, es decir, *ciencia, técnica* y *arte*, están implícitamente presentes en su título: *Los cosmos, el método* (Nanni, 1994). La ciencia, en el término "método". Lo sabemos todos: "método", etimológicamente, reconduce a la "vía" y significa camino, investigación; y, entre los varios tipos de investigación, la científica es investigación por excelencia. Sobre todo, con las correcciones que la ciencia del siglo xx epistemológicamente ha llevado a sí misma, a la concepción que tiene de sí y al modo de realizarse. La ciencia no se concibe ya como el lugar de la episteme contrapuesto en modo absoluto a la incertidumbre de la doxa, sino más bien unitariamente como un saber (una episteme) doxático, digamos así, del cual la temporalidad y la historia son estructuras fundamentales y donde la verdad es tal hasta prueba contraria, hasta aquella falsificación suya a la cual la ciencia no puede no aspirar continuamente. Aspiración que solo una auténtica investigación, una auténtica vía en movimiento y por lo tanto un verdadero método, puede realizar.

Los términos "arte" y "técnica", en cambio, están implícitos en el término "cosmos". Primero como sinónimos y después, por el contrario, diferenciados. Como sinónimos reenvían a la marca semántica "articular", implícita etimológicamente en el término cosmos. El "cosmos" es en general asumido como sinónimo de "orden", pero un orden producido al salir del "caos", que no puede así sino resultar articulado hacia algún fin. Renato Barilli, por ejemplo, define justamente la técnica como una práctica que transforma la materia con actos de hábil inteligencia y, por otra parte, el término arte reenvía, estando con el Devoto y otros insignes estudiosos de la etimología de nuestras palabras, a la raíz indoeuropea "are", articular precisamente, de la cual derivan también "armonía" (proporción), "arm" (brazo) en alemán, etc. Todos términos y definiciones en los cuales el "articular" constituye un proceso central. ¿No se llama al brazo también articulación? ¿Y una proporción es acaso posible sin una previa división (articulación) de algún "continuo" en algún segmento suyo? ¿Y la técnica transformación de la materia, de la

                                    Luciano Nanni

cual habla Barilli, qué cosa es si no una subdivisión de su "continuo" en partes (artículos) con vista hacia algún fin? Además, es con "arte" que el término griego "téchne" es traducido sin problemas. En este nivel, y en el sentido antes citado, sin presuposiciones de diferencias. Por otra parte, es, creo, por todos conocido: en sentido genérico el arte es la técnica *tout court*. Cuando, por ejemplo, en los contratos de la edilicia una empresa se esfuerza en construir "con regla de arte" no quiere ciertamente decir a la manera, qué sé yo, de Picasso, o de Miró y otros ejemplos por el estilo, sino según reglas que el arte de la buena y correcta albañilería exige. Nada más. Y todo esto en primera instancia.

En segunda instancia, como ya se ha dicho, y, por otro lado, también los términos "técnica" y "arte", considerados semánticamente separados, encuentran en "cosmos" su casa. Esto sucede mediante la "cosmesis" y del "ornamento" a ella relacionado. Cosmos y cosmesis reenvían, después de todo, a la misma raíz, e incluso el significado "ornar" parece preceder al de "ordenar". Y creíblemente, ya que, aun tratándose en vía lógica de dos significados inseparables (donde se toma un ornamento se debe pensar en un orden y viceversa), en sentido histórico-experiencial es innegable que el meta-pensamiento vino después del pensamiento; que la conciencia conscientemente reflexiva se ha debido desenlazar de la conciencia oscura y enredada en simbiosis con la experiencia; y que la experiencia de orden es más abstracta y reflexiva que la de ornamento, la cual es más sensible e inmediata. En todo caso, dos significados estrechamente entrelazados en "cosmos" y que, adoptando modalidades de escritura hoy muy frecuentadas, sobre todo del otro lado de los Alpes, podrían estar gráficamente unidos de la siguiente manera: cosmos igual a ente *or(de)nado* y viceversa, con una rápida intuición final: ya sea que se hable de "técnica" o de "arte" o de "ciencia", siempre de "cosmos" se habla; si bien en niveles diversos: la técnica podría ser definida como el "cosmos" en cuanto un "or(de)nado" producido; la ciencia podría ser definida como el "cosmos" en cuanto un "or(de)nado" sabido, conocido; y el arte el "cosmos" en cuanto un "or(de)nado" sentido, vivido, amado. Cualquiera que sea la poética que la produce, es indudable que la obra de arte tiene que ver con la vida, con aquella que yo, en otras instancias, he definido ideación primaria, en toda su pregnancia (Nanni, 1994, *passim*). El arte, entonces, así como nosotros lo concebimos, no sería otra cosa que la técnica (el arte) considerada "bella". Lo sabemos, es una distinción conocida: la historia ya ha dividido el arte del arte "bello", dejando a la ciencia a su moderno, autónomo, destino.

En todo caso se trata de un título (el de mi último libro) escandaloso. Otra vez según la etimología, naturalmente. Un título que, de cualquier parte que se tome, crea un obstáculo (esto significa la palabra "escándalo", según su etimología) para la escuela, digamos así (aun cuando no me gusta el término "escuela"; me suena demasiado a ciencia normal, se podría decir a la Kuhn; pero, en fin, para entendernos se puede usar), para la escuela, decía, de la cual provengo. Me refiero a la escuela boloñesa de Luciano Anceschi. Uno de los últimos libros de Anceschi se titula *El caos, el método* (1981). Antes del método estaría, para Anceschi, el caos, y sería precisamente el método el que lo volvería cosmos. Al contrario, mi título presupone que el cosmos preceda al método (el método científico, se entiende) y jamás viceversa.

Obstáculo para el hombre común, para la común y más difundida idea que se tiene al respecto. Para el interlocutor medio, como por el momento me finjo, pienso que habría sido mucho más normal el título *El cosmos, el método*. ¿Por qué *los cosmos*, en plural? ¿Qué quiere decir? ¿El cosmos no es uno?

Obstáculo, además, para la ciencia misma en la cual me encuentro a operar, tanto normal (¿podríamos decir "racional"?) como anárquica (¿podríamos decir "irracional"?). Para aquella "racional", porque pienso que habría encontrado más sensato el título *El cosmos, los métodos*. ¿No es acaso, convicción difundida en el interno de la ciencia actual y de aquella no tan antigua, entendámonos, que el cosmos sea aquello que es y que luego este sea estudiable por la ciencia según aproximaciones diversas? Con el resultado de un total trastocamiento especular de mi título: ahí donde tal ciencia dice que la ciencia tiene el cosmos (la realidad) como objeto de referencia, si queremos un objeto directo de estudio, yo digo que tiene tantos y diversos; no el cosmos (la realidad), sino los cosmos, los universos culturales que lo (la) interpretan y allá, donde esta ciencia multiplica sus métodos, yo digo que su método es uno y uno solo. ¿Puede haber más distancia que esta?

Obstáculo, finalmente, para la ciencia que, en oposición a la precedente, se ha decidido llamar anárquica o "irracional". Pienso en aquella que se pretende reconducir a las posiciones de Feyerabend[1], por ejemplo. Para esta idea de ciencia el título correcto, creo, sería *Los cosmos, los métodos*. Los cosmos no precederían más, como para mí, el método científico, sino que serían sus productos y por lo tanto serían tantos como los métodos mismos, según una multiplicación al infinito de unidades teóricas cerradas tautológicamente en sí mismas, sin más posibilidad de verdad o error, y consecuentemente, ni de prueba ni de falsificación; pre-

---

[1] Naturalmente a la imagen habitual de Feyerabend, a su mito, digamos, no a su pensamiento en sí, mucho más problemático y complejo.

cisamente sin ninguna racionalidad, si racionalidad es posibilidad de control, de confrontación y por lo tanto de verdad, si bien fundada solo intersubjetivamente y no objetivamente en sí. Posibilidad en la cual, aún, mi título deja creer, individuando, incluso en la multiplicación de los objetos de estudio, un único método en el cual sus diversas identidades pueden venir a la luz. Es el método lo que, en la ciencia, los hombres tienen en común (en cuanto científicos y solo en cuanto tales, se entiende, ya que como hombres éticos tienen muchísimas otras cosas) y, siendo *uno*, en él no pueden no encontrarse y confrontarse; y confrontándose, establecer qué cosa es creíble y qué cosa no lo es. Y es precisamente a la luz de esta posibilidad que yo pongo esta misma credibilidad; la credibilidad, quiero decir, también de lo que estoy diciendo sobre la credibilidad misma. En el fondo es científicamente que yo aquí estoy intentando hablar de la ciencia, de convocar a quien me escucha en la conclusión que explica una determinada práctica (un "cosmos", y ya estoy implícitamente explicitando mis "cosmos"), para ver todos juntos si es cierto que esta se presenta de la manera que digo yo. Además, ¿cómo sería posible hacer discursos públicos de este tipo si no se creyese en esta posibilidad de comprobación intersubjetiva de alguna verdad?

Ahora, se convendrá conmigo que no es fácil ir por el mundo diciendo cosas tan "escandalosas" o, al menos, que puede ser muy fatigoso y, de hecho, por diversos años no me he movido; me he limitado a escribir y a confiar en la fuerza autónoma de la escritura, que indudablemente es notable, pero para tiempos más bien geológicos que humanos. Todo por las razones que he dicho, pero creo (y más aún, estoy convencido) también por un equívoco, un profundo y devastador equívoco, sobre la comunicación. El equívoco sobre la comunicación es aquel que da por descontado un tránsito de

Luciano Nanni

pensamiento del emitente al destinatario, generando desconsuelo y frustración si esto no sucede. Y bien, creo que estas expectativas deban trastocarse, que el malentendido sea la norma y por lo tanto algo por lo cual evitar sufrir, mientras que la comprensión sea una cosa "milagrosa", por la cual, si sucede, hay que regocijarse.

Es un problema gigantesco sobre el cual actualmente estoy trabajando: creo que la comunicación sea un hecho real (pudimos después de todo organizar juntos este encuentro; conseguí después de todo tomar un tren para venir a Ravenna, etc.), pero creo también que la teoría estándar (emitente y destinatario, codificación y decodificación, etc.), con la cual todo el mundo tiende a explicarla científicamente, sea falsa. Pero, repito, se trata de una cuestión muy intricada y, debo decir, al margen de los argumentos de esta conferencia. Basta decir aquí que la toma de conciencia de esta "verdad" me ha quitado, podría decir con Hegel, la fatiga del concepto; en este caso más precisamente me ha aligerado de la fatiga de llevarlo por ahí, permitiéndome apostar sobre nuestro entendernos y nada más. Retorno al descubierto y relativa apuesta facilitados también, por otro lado, con el encuentro con el falsificacionismo popperiano. ¿Por qué trabajar solos, encerrados en casa o en el propio estudio (en el propio laboratorio) por años, a buscar inductivamente pruebas para lo que se piensa, evidentemente con el riesgo siempre de ser desmentidos? ¿Quién no recuerda el ejemplo del pavo inductivista? A las nueve le daban de comer y por lo tanto se dejó llevar tranquilamente por esta ley: al marcar el reloj las nueve, todo tranquilo, es el momento del bienestar; hasta que un día dieron las nueve y se lo comieron a él. Es este inductivismo solipsista, con toda la soberbia en el fondo relacionada con él (el pseudotitanismo narcisista del hombre que se cree autónomo y por lo tanto superior) que el falsificacionismo de Popper quita de en medio. ¿Tienes alguna teoría en la cabeza? Bien. No te la tengas para ti. Intenta formularla sin contradicciones internas (sabemos, de una contradicción se puede deducir todo y el contrario de todo, y por lo tanto sería como si la teoría no existiese); indica después el horizonte de su control, el "universo de hechos", en suma, para los cuales pretende valer y posteriormente convoca a la comunidad científica para que te ayude a quitarla de en medio; a encontrar, en conclusión, un hecho (una experiencia) crucial que te desmienta. Lo que resulta en un comportamiento además de, como se ha dicho, menos fatigoso, también más humilde y comunitario; más estéticamente creativo y liberatorio (en el fondo, ¿para qué frenarnos en el proponer teorías, incluso las más complejas? La comunidad científica no está ahí para reírse de nosotros, sino para entender con nosotros la eventual, por cuanto sorprendente e impensable, sensatez de estas), y al mismo tiempo, con su sustitución del *modus tollens* al *modus ponens*, más lógicamente correcto.

Es entonces, con este espíritu, que yo continuaré a proponerme de frente a quien me está escuchando o leyendo y de frente a las cosas que me dispongo a decir sobre los argumentos en cuestión. Nos contaremos, en suma, por boca mía, ciertas cosas y siempre juntos veremos después si sea el caso de dejarlas en pie o de quitarlas, por el contrario, de en medio. Veamos.

Ciencia vs. técnica

He dicho que mi libro, así como se propone desde su título, constituye un obstáculo respecto a posiciones diversas que no quisiera, sin embargo, aquí, continuar a considerar (a profundizar) separadamente las unas de la otras, sino oponer unitariamente a mi pensamiento, en lo que obviamente tienen en común en el choque o en las divergencias, como se quiera decir. Digamos, más bien: enumeraré lo que, respecto a mi postura, me parece que ellas no pueden compartir; dejando después a quien me sigue la tarea, si desea, de proceder en propio a las determinaciones más detalladas y a los más minuciosos controles y confrontaciones.

Diría entonces que, de mis convicciones, las que para nada me parecen compartidas por los horizontes citados, son sustancialmente dos, y de fondo. La primera –resumiendo lo que ya se ha dicho y precediendo a ulteriores precisiones– es la convicción (en mí resistente) de que la ciencia, así como se ha desarrollado en nuestro mundo occidental de Galileo en adelante, sea propiamente *analítica*; que entre en conclusión en escena secundariamente, con las cosas ya hechas; cuando, en suma, alguna práctica ha procedido sintéticamente y en vía primaria a definir la entidad en predicado de ser por ella (por la ciencia, precisamente) analizada. El análisis, lo sabemos todos, puede ser entendido con varios matices, pero su postulado irrenunciable (lo dice muy bien Abbagnano en su *Diccionario filosófico*) es que cuando este entre en escena ya haya algo determinado, algo hecho, sobre lo cual trabajar; algo, precisamente, para analizar. Y, atención, para analizar en línea de principio con *ojo*, digamos así, *inocente*; es decir, sin provocar en el objeto estudiado ningún daño (inocente, según la etimología, no quiere decir otra cosa), que equivale a decir, sin modificarlo. ¿No es, de hecho, esto lo que nos esperamos de los análisis, digamos, de nuestra sangre, cuando estamos desgraciadamente obligados a realizarlos? ¿O nos esperamos acaso que el análisis la modifique a su gusto? Cierto, puede suceder (lamentablemente ha sucedido y sucede), pero por vía de facto, como un error para quitar de en medio, no como cosa legítima en línea de principio. Mi segunda convicción procede directamente de esta primera y es la convicción de que, bien mirada, la ciencia se manifieste como *una* (*el método*, se ha dicho) sin más distinción entre las llamadas ciencias del hombre y aquellas más consolidadas de la naturaleza. Vayamos nuevamente con orden.

Veamos primero la cuestión del estatuto analítico de la ciencia. Es, además, aquí (en este nivel), que esta me parece en sentido propio *despegada* de la técnica. La técnica en sentido propio manipula el mundo, interviene sobre él para materialmente modificarlo; tiene que ver con la síntesis más que con el análisis y por lo tanto con las prácticas (ideaciones primarias, las he llamado en mi libro en cuestión y también en otras sedes) dirigidas no a producir el análisis, sino las entidades a analizar. Ideación, aquella técnica, que podríamos llamar también, vistas las modificaciones de cosas y comportamientos que ella introduce en el mundo, ética en sentido a-valorativo y puramente etimológico; de frente a aquella analítica, precisamente, y secundaria que hasta ahora he llamado científica, pero que podríamos decir también epistémica, reconduciendo una vez más la palabra a su origen etimológico.

No hay que olvidar: *episteme* significa también *lugar encima*, precisamente secundario respecto a las prácticas que, de forma directa, nos ligan al mundo y nos permiten horizontalmente, digamos así, vivirlo y determinarlo según nuestras necesidades. Si se me permite una imagen un poco tosca, pero muy eficaz explicativamente (al menos así me parece), se podría decir que todo el andamiaje de nuestro conocimiento, así como lo estoy aquí considerando, encuentra en el buey, en la vaca (en el rumiante, pues) su emblema (su ícono) más esencial. El rumiante puede verticalmente *rumiar* (científicamente analizar, en nuestro caso), pero si y solo si

                                    Luciano Nanni

ha previamente, de forma horizontal (del exterior hacia el interior), recogido hierba del mundo, llevándola a su estómago[2]. En este sentido, también aquel contraste, que se antoja hoy tan estridente entre hermenéutica y epistemología (pienso precisamente, en Italia, en Gianni Vattimo), se derrumba: no hay ciencia sin apertura previa (no científica) sobre el mundo, pero no hay tampoco hermenéutica sin análisis. ¿A qué ojo, de hecho, puede aparecer la distinción misma entre epistemología y hermenéutica? ¿Cuál ojo puede verla? ¿No es acaso un ojo externo a ambas, necesariamente? ¿Y un ojo externo qué es si no analítico? Además, no hay que olvidar, solo por decir, cuanta parte, cuanta importancia, tiene el análisis en Heidegger. Repito, solo por mencionar a alguien que la hermenéutica contemporánea no considera de sí tan alejado. Quisiera exponer, sin embargo, más icásticamente la cuestión con un ejemplo. Pensemos en la lingüística. Aparte del hecho de que Saussure está totalmente de acuerdo con todo lo que estoy sosteniendo sobre la identidad a atribuir a la ciencia, de acuerdo de manera explícita, quiero decir (1962: 9)[3], el ejemplo de la lingüística es convincente aun prescindiendo del prestigio de Saussure mismo. Diría que es intuitivamente convincente, legible a mi favor, por simple evidencia. ¿O es que acaso una lingüística tendría sentido en ausencia de alguna lengua? Primero (en

---

[2] En el ejemplo de la sangre indicado, el objeto por analizar es sintetizado por la receta del médico que nosotros entregamos al laboratorio. No es la sangre en sí, en absoluto, la que es objeto de análisis, sino su nivel (sus características) que van delimitadas y puestas en orden (he aquí un cosmos) por la receta del médico (equivalente, en este caso, a nuestro buey que pasta).

[3] ¿El "desinterés" al cual Saussure liga indisolublemente la mirada de la ciencia es acaso algo diferente al ojo externo? ¿Al ojo analítico? Diría que absolutamente no. Pensemos: des-interés (separación del interés). Y, por otro lado, interés = inter-esse (ser dentro). Luego entonces, desinterés = separación del ser dentro, no estar adentro; por lo tanto, ¿qué quiere decir si no estar afuera?

vía primaria) viene la lengua (alguna lengua) y solo después (en vía secundaria) viene la lingüística que la estudia. Y (nótese) no necesariamente: la lengua puede perfectamente existir y funcionar aun sin la lingüística. Mi padre, campesino, no sabe nada de fonemas, de morfemas, de marcas semánticas, etc., y sin embargo habla su dialecto tosco-emiliano sin ningún error. La lengua, para vivir, no espera el nacimiento de la lingüística: vive y basta. Si después la lingüística llega, ajustará sus cuentas con ella. ¿Qué más, si no?

Y así el cosmos. El cosmos para funcionar no ha esperado (y pasaría así a las ciencias naturales, haciendo ver, precisamente, que la ciencia es teóricamente –metodológicamente– una) la reflexión, qué sé yo, de Galileo, de Kepler, etc. La vida del cosmos no se preocupa por nuestras discusiones o preferencias respecto al círculo o la elipse. El cosmos vive y basta; y desde siempre, antes y después (presumiblemente) de nuestro pensamiento. Cuanto más si, como se ha anticipado, la ciencia no estudia directamente el cosmos (la realidad). La realidad en sí no es vista para nada por la ciencia. Lo sabía ya Kant, por no decir de los Sofistas griegos (pero con ellos, al respecto, hay que andar con cuidado), cuando hablaba de su noumenicidad. Yo quisiera, sin embargo, estar más cercano a nosotros y a lo que la reflexión epistemológica de nuestro siglo ha venido cada vez más sólidamente reconociendo; a Heisenberg, por ejemplo. La física, nos dice Heisenberg, no describe directamente el electrón, el electrón en sí, sino solo la imagen que del electrón nos dan sus instrumentos (1955). No otra cosa. Y no hay quien no pueda ver aquí también el esquema del rumiante, común a las ciencias humanas. La función de definir conceptualmente el mundo desde algún punto de vista, realizada, en el ejemplo de las ciencias humanas, por la lengua (no se olvide que la definición del mundo cambia con el cambiar de las lenguas) es aquí desempeñada por los instrumentos de la física, o mejor, por la física-considerada-al-nivel-de-sus-instrumentos, práctica sintética, productora de definiciones del mundo todavía inexistentes y por lo tanto no todavía ciencia, sino práctica ética a la par de cualquier otra activada por la vida en su nivel primario; el nivel, en suma, de ella misma en cuanto vida. No buey rumiante, entonces, para continuar con mi imagen, sino solo buey que pasta y nada más. ¿Y cuál es, en la física, el buey rumiante? ¿Cuál es, en ella, el equivalente de la lingüística? Siempre la física misma, pero ya no considerada al nivel de sus instrumentos, sino en el nivel en el cual esta toma conciencia de lo que ella misma, a través de sus instrumentos, ha producido. Toma de conciencia analítica, en línea de principio no más modificante. ¿Y qué más, si no? Si continuara a modificar descendería otra vez al nivel de sus instrumentos (regresaría a ser buey que pasta), confundiendo alucinatoriamente un nivel con el otro. Es solo en este nivel que la ciencia viene a encontrarse, de hecho, fuera de los ataques de aquellos que la consideran causa de todos los males de nuestro mundo. Suyas, estas culpas, no son, sino de la ética (de la moral), y consiguientemente de la técnica. Es la técnica la que trabaja el mundo, y lo hace a menudo guiada por morales (por sistema de valores) que con lo implícito en la ciencia nada tienen que ver. A diferencia de lo que piensan muchos, por ejemplo, Apel, yo pienso que de la ciencia sea del todo deducible una moral, e incluso la más salvífica para el hombre mismo.

¿Qué se quiere? La cosa es evidente: el hombre no nace científico. En científico puede convertirse, y si lo hace, lo hace tarde. Quiero decir, cuando su infancia ya se ha ido, y este ya ha sido, para decirlo con Lorenz, moralmente improntado, precisamente, por un sistema de valores –presumiblemente– políticos, religiosos o de otro tipo, pero en general pre- o a-científicos. He aquí el punto: a menudo la moral del científico no es aquella implícita en la ciencia que él ejercita y los males son atribuibles a la primera en lugar de la segunda. No es este, sin embargo, el lugar para proceder a una explicación, aun mínimamente exhaustiva, de esta relación entre moral y ciencia. Sería argumento para otro encuentro y, además, en este libro mío, al que hago constantemente referencia, me he ocupado de él no brevemente (Nanni, 1994); así que podemos tornar más estrictamente a nuestro argumento y añadir que la unicidad de la estructura teórica (teorética) de la ciencia, de la cual estoy hablando, aparece evidentísima si, en el interior de la lingüística, se aísla lo que hace la fonología. Pensemos: esta, liberada de las ataduras aún positivistas de la fonética a través del meritorio trabajo crítico de la Escuela de Praga, en los años veinte/treinta, y sucesivamente, a través de aquel, verdaderamente fundamental, de L. J. Prieto –titular de aquella cátedra de lingüística general que, en la Universidad de Ginebra, ocupó Saussure–, ¿dónde ha individuado su correcto objeto de análisis? Ya no en el sonido en sí, como pretendía la fonética, sino en el fonema; y el fonema es verdaderamente una especie de glándula pineal donde el universo de las ciencias del hombre, por un lado, y el universo de las ciencias de la naturaleza, por el otro, pueden encontrarse y hacer sistema. Como un Jano bifronte, este va hacia dos lados: en cuanto sonido (algún rasgo del sonido lo conserva necesariamente), este va hacia el lado de las ciencias de la naturaleza, pero en cuanto fonema en estricto sentido, es decir, *en-cuanto-sonido-considerado-en-relación-con-alguna-lengua*, y por lo tanto en cuanto imagen del sonido (cualquier imagen varía con el variar de las lenguas) construida, recortada, por

una lengua, por alguna lengua (y creo que la analogía
con lo que sucede al electrón sea evidente), este va hacia el lado de las ciencias del hombre; con el resultado de un esquema metodológico único, constituido a
partir de la base de un conjunto de constructos cognitivos (fenómenos, habría dicho Kant), frutos de nuestras prácticas (de nuestras técnicas) relaciones con el
mundo. Aquellos que yo, repito, llamo los *cosmos*. Y,
encima, una ciencia que no tiene ya como objeto de
estudio directamente el mundo en sí, sino estos cosmos construidos por nuestras prácticas y que, si nos
dice algo respecto al mundo, ya sea material o psíqui-
co, nos lo puede decir solo indirectamente a través de
conjeturas cuya aceptabilidad va siempre conmen-
surada con el aval de estos cosmos-constructos que
estas, para alcanzar el mundo en sí, deben atravesar.
¿Otra vez Kant? Sí, pero con una vigorosa desmetafi-
sización de los trascendentales, de los *a priori*, pues,
ligados ya nada más a las culturas, a su diversidad y
a su movilidad histórica. Por otro lado, también la física sabe que es ciencia solo en su nivel analítico, no
antes ni después. Y no tanto porque ya Aristóteles lo
había dicho, desincorporándola de las ciencias práctico-poiéticas (técnico-productivas, precisamente) e
incluyéndola, con las matemáticas y la metafísica (la
teología), en aquellas teoréticas (no se olvide que en la
etimología "teórico" significa "mirar" y que el análisis
es el mirar por excelencia), sino porque precisamente en sus manuales actuales ella misma se denuncia
como tal. ¿Recuerda quien me sigue el caso reciente
de Pons y Fleischmann? ¿El clamor suscitado en torno
a su caso? ¿Se recuerda el pretendido (por ellos) descubrimiento de la fusión nuclear en frío? Pretensión
a primera vista no ilegítima, si es cierto como parece
que es cierto que en su laboratorio se dio verdaderamente una producción de energía excedente respec-

to a aquella consumada para producirla, y del todo científicamente aceptable para quien fuera incapaz de distinguir la física como práctica ético-productiva (técnica, se ha dicho) y la física, en cambio, como puro análisis (ciencia); pero que la física en cuanto ciencia sí sabe distinguir, tal vez solo intuitivamente, pero sabe ya distinguir. Si, de hecho, se va a consultar sus manuales, ese descubrimiento, en cuanto descubrimiento científico, no está, no ha sido registrado. Y, sin embargo, repito, parece que el fenómeno técnicamente sucedió. ¿Y entonces qué impide su acceso a los manuales? He aquí el punto: lo impide el hecho de que no se sabe todavía cómo haya sucedido; es decir, lo impide su falta de iluminación analítica y de consecuencia, su irreproductibilidad. Pero esta es una consecuencia de la oscuridad analítica en la cual todavía la cosa vacila y es esta oscuridad analítica que le impide el acceso a la ciencia. No otra cosa.

Vista entonces esta separación de la ciencia respecto a la técnica y su consiguiente "naturaleza" analítica y unitaria, pasaría a una segunda, necesaria, separación: aquella del arte respecto a la técnica, del arte-arte, quiero decir (del arte bello, se ha dicho, con tal de que lo bello –se precisa ahora– sea considerado móvil hasta el punto de poder pasar, cambiando cultura, también a su contrario). Separación, también esta, de la cual el aparato del arte es ya consciente, pero también aquí, de manera en gran parte subterránea, silenciosa y puramente intuitiva. Se trata de tomar conciencia de ello claramente y de una vez por todas. Veamos.

Artisticidad vs. técnica

Para demostrar esta separación, para demostrar, en suma, el hecho de que artisticidad y técnica son dos cosas distintas, recurriré a algunos ejemplos, útiles didácticamente y en conjunto útiles también para permitirme decir brevemente lo que es necesario que yo llegue a decir, para que todo este discurso adquiera un sentido completo. Me refiero a ejemplos de obras de arte.

Primer ejemplo, el *Escurrebotellas* de Duchamp. Lo sabemos: esta obra no fue hecha por el artista (por Duchamp). Duchamp solo la dis-locó, la quitó del negocio del cantinero, digamos así, y la presentó en una galería de arte. Es un clásico "objeto encontrado" y allegado al arte tal como fue encontrado. Ahora, de hecho, se muestra bellamente en el museo de arte. No me refiero al museo de la técnica, de la industria o del artesanado, sino precisamente al museo del arte-arte[4]. En el mismo lugar, en suma, donde se encuentran también las obras, qué sé yo, de Leonardo, Picasso, etc. Todo esto aun cuando la técnica usada para hacerlo (he aquí el punto, atención) no fue la del arte (no fue hecho con tal finalidad; Duchamp no lo hizo absolutamente), sino aquella extra-artística, ya sea artesanal o industrial, encaminada a hacer buenos objetos para escurrir botellas y nada más. Fue hecho, sí, "con regla de arte", para regresar a lo dicho anteriormente, pero como escurrebotellas, no como obra de arte. Como obra de arte se trata de una obra de arte devenida tal sin una técnica específica que la haya producido. Lo que hace pensar que cualquier técnica puede allegarse al arte, con la condición de que sea asumida como tal por una cultura, por una poética; que como tal sea *delegada* a funcionar o a vivir, si el término resulta menos fríamente técnico y despersonalizado. Que es como decir que técnica y arte son dos procesos diversos, autónomamente libres de irse cada uno por su propio camino. Caminos que,

---

[4] Se sabe que de tal obra falta el original. De ella tenemos copias resignificadas artísticamente por Duchamp mismo de forma sucesiva.

a veces, cierto, pueden encontrarse, pero también dejarse sin que el uno ni el otro sean afectados por algún daño. ¿Queremos otras pruebas? Bien. Veamos un segundo ejemplo: la *Nike* de Samotracia.

La *Nike* de Samotracia se encuentra en el Louvre. Todos la hemos admirado en las reproducciones de los libros de escuela: una magnífica "Victoria" alada, pero rota como está no habría sido ciertamente considerada arte por su autor; es decir, por el escultor griego que la hizo materialmente: demasiado técnicamente imperfecta. ¿Cómo habría podido una cosa en tales condiciones satisfacer los cánones de armonía del arte griego? Y en cambio, no: es precisamente así que nuestra cultura la considera como arte. Esta es para nosotros arte no con base en la técnica de la escultura griega, sino (atención) con base en el trabajo que sobre la escultura producida por la técnica griega –digamos así– han ejercido el tiempo y las fuerzas erosivas del lugar y, por lo tanto, con base en otra técnica, aquella que tiene precisamente como sujeto estas fuerzas a-humanas y cósmicas. No hay quien no pueda entender qué signifique todo esto en el plano de la reflexión estética. Si también una técnica extrahumana e impersonal puede producir algo que pueda desembarcar en el arte, entonces es completamente inútil partir de la técnica para individuar el arte (la artisticidad). Su imprevisibilidad se vuelve total, y cada técnica puede encontrarse, por gracia del amor hacia esta de parte de alguna cultura, en el campo del arte.

Un tercer y último ejemplo para confirmar todo esto puede ser el de las falsificaciones. Pienso en la técnica de uno de los máximos entre los falsarios, en Van Meegeren y en sus falsos Vermeer. Tan técnicamente perfectos que nadie creía que fuesen falsificaciones; de tal manera que, para salvar la cabeza, Van Meegeren debió rehacer algunas delante de los jueces, en vivo y en directo.

                                    Luciano Nanni

Solo así consiguió demostrar que *La esposa infiel*, que había vendido al mariscal de campo Hermann Göring no era un signo de colaboracionismo suyo hacia el nazismo, sino una burla hábilmente ejecutada hacia el jerarca nazista. Y, además, vamos, lo sabemos: ¿cuántos son sumamente capaces de reproducir en modo técnicamente perfectísimo cuadros de otros? ¿Cuántos? Pues bien, sus obras no valen como las originales. Si la artisticidad tuviera que ver con la técnica obligatoriamente, esa diferencia de valoración se volvería incomprensible. Como, sin embargo, nada sucede al azar, si esta diferencia de valoración se da, esto significa que la decisión acerca de la artisticidad o no artisticidad de una cosa es tomada en un horizonte separado de la pura técnica. Horizonte, ciertamente, que puede decretar la artisticidad de algo con base en la técnica con la cual es hecho (si la artisticidad es libre de la técnica debe ser también libre de recuperarla bajo algún aspecto suyo o característica), pero no obligatoriamente: puede decretar su artisticidad también con base en niveles de realidad que con la técnica no tienen absolutamente nada que ver.

Es decididamente erróneo ir a buscar en la estructura (en la confección), y por lo tanto en la técnica, el criterio de artisticidad. La cuestión ha sido largamente debatida en el siglo xx. Recientemente ha caracterizado el enfrentamiento entre estructuralismo y movimientos a él contrarios, pero es cosa que puede ser vista por cualquiera que, despierto, afronte la investigación sin adherirse acríticamente a lo que la mayoría piensa. ¿Dónde buscar entonces el criterio de demarcación entre un escurrebotellas-escurrebotellas y un escurrebotellas-obra-de-arte, entre un original –regresando a las falsificaciones– y una copia perfecta, siendo ambas perfectamente indistinguibles? No hay elección: no queda otra cosa sino las modalidades, las convenciones de uso. Es arte aquello que es usado como arte, no lo es aquello que no es usado como arte. Los sujetos de tales usos, que tienen también un nombre (se llaman, como se ha indirectamente anticipado, *poéticas*), pueden tener extensión diversa: individuos, grupos con sujetos determinados (qué sé yo, futuristas, herméticos, etc.) o también grupos con sujetos difundidos, que hacen época. En este último caso la poética constituye la guía de fondo del uso artístico de las cosas; la delegación de artisticidad dada a determinadas cosas, propia de enteras culturas (por ejemplo, del Medioevo, de la Modernidad, etc.), a menudo opuestas entre sí. Y si la cultura es pluralista, poéticas (estas, con sujeto difundido) con las cuales aquellas de los individuos y de los grupos determinados deben ajustar sus cuentas.

Pero, se me podría objetar, esto vale para la poética del arte llamado conceptual, y –nótese– entendido este en sus movimientos más rigurosos, pero no para el arte en general. Pues bien, yo pienso que el principio, por el contrario, que se pone en relieve en el arte conceptual, valga también para el arte en general, en cualquier época. No hay tiempo, aquí, para relatar la anécdota del admirador de Van Gogh y del aborigen australiano, a la cual normalmente me refiero para dar una explicación icástica de esta convicción mía; quien tuviere interés en conocerla puede encontrarla, nuevamente, en mi libro anteriormente citado (Nanni, 1994: 121-124), pero creo que a ninguno de nosotros le cueste trabajo creer que la *Gioconda*, por ejemplo, o el *Guernica* de Picasso valen lo que valen por nuestra cultura, que las ha delegado para visualizar lo que nosotros pensamos (lo que nosotros tenemos necesidad) que sea el arte para nosotros; y que en otra cultura, con otros intereses y otras necesidades, estas podrían significar otra cosa o, incluso, nada: volverse simples objetos para olvidar. La artisticidad es como (perdóne-

                                        Luciano Nanni

seme la imagen que, no obstante, me parece extremamente eficaz) la luz del "cañón de seguimiento" en el teatro: se posa aquí, se posa allá, y lo que toca deviene arte y lo que no es tocado o es abandonado se queda, o vuelve a ser –en relación con este ojo, se entiende, no a otra cosa– nada. Y digo algo más: digo que este mecanismo epistémico no preside solo el nacimiento de todo el arte, sino que es el mecanismo epistémico que preside la constitución de toda entidad, del rostro cultural que cada entidad, cada cosa, llega, en el mundo, a tener. Convendría reflexionar un momento sobre esto y lo haré, una vez más, con una pequeña historia.

Intermezzo *(breve) epistémico*

¿Alguien ha escuchado hablar de Abdus Salam? Abdus Salam es un físico que en 1979 ganó con otros el premio Nobel de la física como consecuencia de los resultados obtenidos en sus investigaciones sobre el nivel en el cual todas las fuerzas de la naturaleza se presentan como una sola fuerza. Es el gran proyecto en el cual trabajaba, que yo sepa, también el último Einstein. Y bien, a la pregunta del periodista que, después de la premiación, le interrogaba por qué se interesaba tanto en querer encontrar esta unificación, Abdus respondió, dejando a nuestro periodista perplejo, "¡porque Alá es uno!". Es fácil comprender como el periodista, no precisamente competente sobre la identidad de la ciencia, haya quedado sorprendido: "¿cómo es posible –se habrá preguntado– que un hombre, con esta motivación, gane un premio (¡y qué premio!) en la ciencia occidental, intrínsecamente autónoma y laica?". Ahora, si el periodista hubiese sabido más acerca de la ciencia, repito, no se hubiese maravillado; si hubiese sabido de la fundamental distinción epistemológica entre horizonte del génesis y horizonte de la justificación de una teoría, habría sabido que una teoría, precisamente, no nace científica en sí, sino que se vuelve científica con el uso científico que se puede hacer de ella. Las teorías pueden venir de cualquier lugar, pueden venir de los sueños, de las manzanas que caen –parece que verdaderamente esto haya sucedido–, de las religiones, etc., no importa: hasta este punto no son todavía teorías científicas, son todavía simples formaciones conceptuales más o menos organizadas a la par de cualquier otro pensamiento nuestro, por así decirlo. Se convierten en teorías científicas solo cuando se usan de acuerdo con los principios de la ciencia, principios que exigen muchas cosas, pero sobre todo dos: que tales pensamientos sean formulados sin contradicciones internas (como ya sabemos) y que no sean desmentidas (falsificadas) por el nivel de realidad con el que pretenden relacionarse. Eso es todo: si Alá sirve para elaborar un pensamiento que puede ser usado de esta manera, dirigido a la comprensión no desmentida de algún nivel de realidad nuestro, sea directo o indirecto, bien venga Alá en nuestra ciencia occidental y laica. No es que la ciencia se haya convertido en religión o, viceversa, que la religión se haya convertido en ciencia: sus aparatos de uso de las ideas no se han acercado entre sí ni un milímetro, han permanecido invariables. Es la materia pensada que, en este caso, ha dejado su aparato de uso fideístico para entrar en aquel experimental, precisamente, de la ciencia occidental. Aparato único, formal (vacío), ya que está constituido por principios de uso del pensamiento que no cambian con el cambiar del pensamiento que los ocupa. Aparato único e inmóvil. La ciencia, desde su nacimiento, ha descartado muchas teorías, pero los principios que han regido la aceptación o el rechazo son siempre los mismos. En ciertos periodos han sido ofuscados, en otros redescubiertos

                                    Luciano Nanni

(pienso, por ejemplo, en una carta de Galileo a Welser, que contiene ya toda la depuración pospositivista que la ciencia, en el siglo xx, ha operado sobre sí misma) y continúan a constituir, solos, el organismo (repito, único) de la ciencia.

Desde este punto de vista el buen libro de Kuhn sobre los paradigmas (1962) puede generar una deplorable confusión. No en la mente de Kuhn, faltaría más, o en aquellas expertas en epistemología, sino en el lector menos advertido. En nuestros días es muy común escuchar a gente, aun famosa, que habla sin saber acerca de los paradigmas de la ciencia, haciendo generalizaciones ilegítimas. Correctamente, sería necesario distinguir entre la ciencia y la materia en la cual toma cuerpo, es decir, las visiones del mundo que pueden ocuparla. Son estas, son estos los paradigmas que trazan las situaciones plurales, ordinarias y extraordinarias de las cuales habla Kuhn, no el paradigma (el conjunto de principios) que las (los) pone científicamente en forma, que precisamente es *uno*, vacío y, en línea de principio, inmóvil desde siempre. Pero regresemos más estrictamente a la cuestión de la identidad ligada al uso.

Bien, lo que nos ha hecho ver la anécdota de Abdus Salam puede ser extendido a la cultura en general: es la cultura misma la que fija toda entidad suya a una identidad de uso. ¿Qué significa "escurrebotellas"? Literalmente, escurrir botellas; precisamente, un uso. Quitemos este objeto de esta práctica y este ya no tendrá nombre, habrá regresado a ser "cosa", en espera de otro nombre y así en adelante. ¿Recuerda, quien me sigue, el renovamiento del Partido Comunista Italiano por obra de Achille Occhetto? El partido fue, por años, la "cosa". Y, además, el término "cultura", ¿no viene de *colo, colis, colui, cultum, colere*? ¿Y qué significa tal verbo latino? ¿No acaso "cultivar", modelar, y por lo tanto usar de acuerdo con un determinado fin, un determinado modelo; una determinada poética, en el arte? Se cultivan los campos, pero también, según dicen los vocabularios, las mentes y las amistades; es decir, los hombres, con el fin de dar a ellos la identidad de amigo; y entonces, ¿por qué no las cosas con el fin de dar a ellas la identidad de arte? Arte por cultura y no por natura (por confección o estructura material), con toda la movilidad que esto comporta.

Queda un último movimiento. Queda por hacer ver, después de hacer ver (y espero de haberlo conseguido) que la ciencia no es la técnica y que la técnica no es el arte, que el arte a su vez no es la ciencia. Y en este punto la cosa no es difícil: esta conclusión es consecuencia natural de todo lo que hasta ahora se ha dicho. Veamos.

Arte vs. ciencia y conclusión

En el fondo, ¿qué cosa se ha hecho hasta ahora, desde este punto de vista? ¿Separando el arte de la técnica no se ha separado la materia de los procesos culturales (simbólicos) que, nombrándola según ellos mismos, le asignan ahora esta, ahora aquella, identidad, según su histórica diversidad y mutabilidad? No es que, entendámonos, la cultura pueda hacer de una cosa material lo que quiera. ¡Faltaría más! Convicciones tan idealísticamente omnipotentes han perdido desde hace tiempo su sentido, admitiendo que alguna vez lo tuviesen. No. Lo que aquí se pretende decir es que cada cosa puede manifestar lo que es, sus diversos y estratificados niveles de realidad, en suma, solo en el interior del *a priori* cultural que le da identidad. Mi libro anteriormente citado comienza con una especie de eslogan: "las cosas suenan según ellas mismas, pero es la cultura que da

                                        Luciano Nanni

el 'la'". Y no pretende decir cosas distintas de las que hasta aquí se han sostenido. Cuando el amigo Guido Guglielmi, hace años, decía: no es a consecuencia del análisis lingüístico-estructural al que someto un texto que este se vuelve poesía, sino porque ya lo considero poesía (ya he dado al mismo la identidad de poesía, digo yo) es que puedo ejercer en él un análisis crítico en llave lingüístico-estructural; decía exactamente lo que yo también pienso. Después, a este análisis, este (el texto) revelará las estructuras lingüísticas que le son propias, no aquellas de otros (¡faltaría más!); pero, al mismo tiempo, sin poseer la decisión acerca de su destino. No puedo ver en el escurrebotellas lo que no está, pero en el ver lo que hay estoy condicionado por el hecho de que yo lo considere como un simple objeto de uso práctico o como una obra de arte. Como objeto de uso práctico, como escurrebotellas-escurrebotellas, estaré supeditado (necesitado, diría) a verlo nada más en su capacidad de tener suspendidas las botellas con el cuello hacia abajo, con la finalidad de que puedan secarse bien. De otras características suyas no estoy obligado a preocuparme. Como obra de arte, en cambio, todo el objeto puede devenirme significativo, comprendidos los estupefacientes paisajes de humedad que el tiempo pueda en este haber diseñado.

Estamos siempre ahí: la artisticidad coincide con un modelo de uso cultural, si se quiere (y repito) simbólico, porque además este uso no es nunca arbitrario, ya que he hablado del "cañón de seguimiento" movido por necesidades e intereses, etc., que en cuanto tales, no pueden ser jamás casuales. Esto lo hemos visto cuando hemos distinguido la artisticidad de la técnica, pero ahí hemos visto también algo que sugeriría una negación de lo que este párrafo establece. Hemos visto, de hecho, que también la ciencia llega a encontrar, por así decirlo, la propia cientificidad (y por lo tanto propiamente a ella misma) no en algún pensamiento, sino solo en un modelo de uso de todos los posibles pensamientos. ¿Por qué, entonces, querer oponer el arte a la ciencia? ¿No se ahogan ambas, en este nivel, en la extratextualidad del modelo de uso? Dejemos de lado que la ciencia aparezca ocupada de pensamientos y el arte de cosas, porque se trata precisamente de pura apariencia. Y no tanto porque la historia haya propuesto abiertamente como arte también puras proposiciones, puros pensamientos (la alusión es siempre, estrictamente hablando, hacia el arte conceptual), sino precisamente porque cada cosa aparece prioritariamente a nosotros como signo. Signo del modelo cultural que la nombra, y, por lo tanto, no solo impregnada de pensamiento, sino, en cuanto tal, hecha literalmente de pensamiento. Quitémosle este nivel y esta perderá su nombre y, con este, toda relación con nosotros, retrocediendo en la oscura intangibilidad metafísica del todo.

Cierto. Cierto. ¡Pero hay modelo y modelo! Y además la buena norma científica exige que las diferencias, si interesan, sean buscadas donde están, no donde no están. Lo hemos apenas visto con el escurrebotellas. En la ciencia, los signos (y las teorías son signos, ¿qué otra cosa si no?) cuentan por el nivel denotativo del pensamiento que contienen; en suma, por los meros conceptos que pueden intersubjetivamente evidenciar. No por otra cosa. De acuerdo con la convención, en un congreso científico la verdad de una comunicación es aquella que en esta haya inscrito su autor y no otros. Según una monosemia de uso que no admite excepciones y a la cual el destinatario (el oyente) está considerado como del todo subordinado. Cierto, en línea de principio, ya que en línea de facto los malentendidos y las fugas por la tangente del oyente son siempre posibles. Pero, precisamente, como errores que tarde o temprano hay que corregir, no como

Luciano Nanni

legitimidades interpretativas a las cuales adherir. En esto, la ciencia no es diversa de cualquier otra práctica nuestra instrumental del mundo: en nuestras prácticas-prácticas los signos y los objetos valen únicamente como entidad en una y solo una dimensión: aquella inscrita en su nombre. Cavar para la azada; sostener ropa para la percha, y suma y sigue.

Precisamente: la ciencia no es diversa de cualquier otra práctica-práctica nuestra, pero es diversísima de la práctica que llamamos "arte"[5]. En la práctica de los sig-

---

[5] El descuerdo, en este caso, con cuanto sostenía, por ejemplo, Galvano della Volpe, resulta evidente. Estamos de acuerdo sobre la polisemia en el funcionamiento de los signos en el arte (Della Volpe habla de plurivocidad, pero el concepto me parece el mismo), pero en desacuerdo en todo el resto. Él considera *unívoco* (monosémico, en mis términos) el funcionamiento de los signos en la ciencia y *equívoco* en el discurso cotidiano y común. Lugar, práctica, donde yo considero que funcionan también en modo unívoco o monosémico, como se quiera decir. El error de Galvano della Volpe me parece imputable a un indebido y tácito cambio de punto de vista que él hace en el curso de la clasificación. Cuando define el discurso científico como el lugar de lo unívoco, lo hace a partir de las presuposiciones que guían el discurso científico en línea de principio: por supuesto que en línea de principio el discurso científico debe pensarse como unívoco: ¿no es acaso el emisor (el científico) el único propietario de lo que el discurso afirma? ¿Y no es acaso tarea de quien lo escucha ponerse a su servicio y permitirse entender únicamente cuanto el científico quiere que, en este caso, se entienda? Ciertamente, esta es monosemia (univocidad), pero en línea de principio, ya que, en línea de facto, en la concreta ocurrencia del discurso, los malentendidos (los equívocos, precisamente) son siempre posibles. Y me parece sinceramente que también nuestro discurso común funciona del mismo modo. En línea de principio monosémico (si a un barman pido una cerveza, es una cerveza la que él me debe dar, no otra cosa; si en la oficina de informaciones de la estación pregunto el horario de partida del tren para Roma, es este el horario que se me debe dar, no otro, y suma y sigue) y equivoco solo en línea de facto, no otra cosa. Es siempre posible, de hecho, que el barman me malentienda y en lugar de la cerveza me dé otra cosa, que yo en la estación entienda mal y me equivoque de tren: esto es posible, pero es posible aquí como en el discurso científico; y aquí, como allá, se deben corregir estas situaciones. Galvano della Volpe encuentra, en

nos (de los objetos-signos) de acuerdo con el arte, hoy asistimos a una decadencia del modelo monosémico e imperialísticamente jerarquizante (la atención a un único nivel de realidad del objeto-signo, que pone en el olvido a todos los demás), en favor de una apertura polisémica democráticamente experimentable por toda cultura que esté en grado de significarlos. Entonces, monosemia (ciencia) contra polisemia (arte): he aquí el criterio que buscábamos. Y, notemos, polisemia sincrónica, no diacrónica, que como criterio distintivo sería inútil: cada cosa, con el tiempo, puede terminar por cambiar significado, no solo la obra de arte. Alguien podría hacerme notar que ya en el Medioevo Dante, por ejemplo, enviando la tercera parte de su *Commedia* a Cangrande della Scala, sugería un uso polisémico de la obra de arte. Cierto, pero

---

cambio, una diferencia, porque cuando clasifica el discurso científico lo hace a partir de las razones de principio, mientras que cuando clasifica el discurso común, lo hace cambiando de punto de vista; y lo hace por líneas de facto. Esto derrumba toda la clasificación: el primer requisito, de hecho, de una sana clasificación; de una clasificación, en suma, que no quiera llegar al cómico resultado de la enciclopedia china citada por Borges, es el de no mutar, a mitad del camino, su punto de vista.

Si, por otro lado, Galvano della Volpe quiere simplemente decir que en la ciencia se usan signos (términos) que tienen por definición un significado solo y en la lengua de todos los días no, replico nuevamente que no es cierto, porque ciertamente el término "gato" puede pretender referirse a cosas distintas, desde un animal de un cierto tipo a un objeto que sirve para levantar grandes pesos, pero solo en el nivel de diccionario (de *langue*), no de *parole*, de discurso en acto. Si digo "pásame el gato para cambiar el neumático", solo un loco podría pensar que necesito la ayuda de un felino para solucionar el desperfecto. Mucho más simple (y adecuado para todos) es pensar que se necesita la ayuda de una máquina que permita levantar el auto a poca altura. La tarea del discurso en acto es precisamente esta: llevar a determinación, diría Weinrich, lo indeterminado (lo equívoco) propio del diccionario (1976: 133-192). Y no creo que haya dudas de que nuestro discurso común sea discurso en acto, dicho con respeto hacia Galvano della Volpe y su pretendida equivocidad.

Luciano Nanni

aquella era una polisemia cerrada (cuatro niveles de significado y basta); la de hoy, en cambio, parece legitimar-
se como indefinidamente abierta. Cuestión, no obstante,
para afrontarse en otra conferencia y en otro ensayo, de
la cual no quiero ni puedo ocuparme aquí. Si alguien estuviera interesado en el problema, me permitiría dirigir-
lo a otros libros míos: es un tema del cual me he ocupado
mucho en estos años y, espero, no insensatamente.

¿El arte? La estética le va bien, pero la ciencia,
¿qué tiene que ver?

Preliminares

Comenzaría, un poco empíricamente, por un primer dato, en sí (naturalmente, con la salvedad de las siempre debidas cautelas teoréticas) bastante cierto y seguro y, como tal, capaz de servir de útil punto de apoyo para el recorrido que aquí me dispongo a hacer. Recorrido que, a primera vista, no preveo ni fácil ni breve, aun cuando, forzosamente, se deberá resumir en gran medida; esto sin desnaturalizar (al menos conscientemente), se entiende, sus articulaciones generales y su sentido integral y de fondo.

Se parte de este punto de apoyo porque permite conectar de inmediato el campo de la estética con el campo de la ciencia. Ciertamente, el argumento puesto como centro de interés y de investigación por este número de *Estética* (Zecchi, 1996) es, rigurosamente hablando, diverso (*artes y ciencias* y no *estética y ciencia*), por lo que será tarea no secundaria de este escrito comprobar si los dos binomios son intercambiables o no; por el momento, con el dato que me dispongo a considerar, nos ubicaremos al menos en la longitud de onda del tema en cuestión, en la zona de tiro, por así decirlo; si bien de entrada las artes no son, evidentemente, la estética, como de entrada la ciencia no es el arte. Pero vayamos con orden y veamos finalmente este dato. No lo propondría, sin embargo, yo mismo. Se lo haría proponer a otros, para hacerlo más "objetivo". En este caso, al añorado amigo Giorgio Prodi. A partir de un libro suyo de 1983, que se titula *El uso estético del lenguaje*. Citación acreditada, que aquí quisiera tomar como testimonio y, digamos, como conforto de lo que también a mí desde siempre (con solo una importante excepción, que no dejé de señalar a Prodi mismo cuando me confirió el honor de hacerme leer el original de este libro suyo y que, a su debido tiempo, no dejaré de señalar aquí también) me ha parecido poder constatar; y además porque sabemos que en la ciencia (¿y puede acaso un escrito como el que aquí propongo, que versa más que nada sobre la ciencia, no pretender ser construido científicamente?) la intersubjetividad (la objetividad entre comillas, como he escrito arriba) no es una opción, sino un postulado y un deber.

Pero regresemos a lo que veía y a lo que, con convicción, escribía el amigo Prodi en la apertura del libro citado:

> El argumento es muy elusivo: el tratamiento de la estética representa en la cultura el más heterogéneo embrollo de proposiciones recogidas bajo un mismo nombre. El rol del observador está mezclado con el hecho observable, a diferencia de cuanto sucede con otros tipos de "toma de contacto" con la realidad: tanto que se ha vuelto regla el confundir a quien habla de estética con quien produce estética; como si los teóricos del problema estuvieran contagiados por los modos lingüísticos de quien lo desarrolla experimentalmente, es decir, de quien construye la obra de arte (Prodi, 1983: 9).

He aquí, entonces, el dato. Si hay un sector de nuestra cultura que se presenta, al menos conscientemente, todavía del todo refractario a una reorganización propia en sentido científico; pues bien, parece ser que este sector es el de la estética. Sin tapujos dice Prodi: "el más heterogéneo embrollo de proposiciones". Verdadero para Prodi entonces, en 1983, y verdadero para

Luciano Nanni

mí, ahora; obviamente salvo la excepción que hasta ahora me he reservado referir. Y esto en un clima de general relajamiento de los frenos en el cual aquella *deregulation* de la distinción o regla de la confusión (de planos, de roles, etc.), de la cual Prodi hablaba, en lugar de ser combatida parece ser, por el contrario, asumida cada vez más como norma; regla, precisamente, cada vez más legitimada y cargada de sentido. El advenimiento del llamado posmodernismo puede haber sido (y realmente lo ha sido, por ejemplo, contra los sofocantes, ideológicos, modos de hacer cultura – pienso en un cierto estructuralismo, en cierta semiótica imperialista, etc.– de los últimos decenios) una cosa más que saludable, pero no cuando cae (y a veces cae) en obnubilaciones teoréticas de tal naturaleza. Obnubilaciones agravadas por el hecho de que tales confusiones se pretenderían justificadas no gracias a la satisfacción (más que legítima) de alguna necesidad (gusto) privada y del todo personal, sino precisamente de un bien común: el de la identidad de la estética y de la verdad del arte, obviamente, de las cuales la estética se ocupa, además, desde siempre.

Y estamos otra vez en el punto, o mejor, en los puntos dispuestos como aclaraciones necesarias de forma preliminar. ¿Qué se entiende con el término "estética"? ¿Qué se entiende con el término "arte"? ¿Qué se entiende por "ciencia"? Preguntas (y respuestas) inevitables, si se quiere (como se quiere) establecer alguna relación entre estas nociones, y si se quiere que estas relaciones se establezcan correctamente.

Correctamente, no en abstracto y en absoluto, se entiende; sino, de nuevo, desde el punto de vista de la ciencia. Punto de vista que la observación de Prodi sintéticamente precisa y que, además, estos anales de *Estética* de Zecchi –como al final veremos– inevitablemente presuponen de forma implícita. No entonces una práctica como las demás, aquella de la ciencia, sino la práctica que funge como tribunal en el que la identidad de las otras, en este caso la de la estética, la del arte y la de las relaciones entre ellos y la ciencia misma, son observadas y conmensuradas. Y no solamente, sino también tribunal, la ciencia, de su misma identidad, para los fines de su autoconstrucción crítica y, a sus propios ojos, correcta; sin la cual cualquier otro juicio de corrección se resolvería *in puro flatus vocis* y en elusiva quimera.

Encaminándonos entonces a estas, necesarias, clarificaciones, convendría comenzar precisamente por la cuestión de la ciencia y preguntarnos a cuáles principios esta debe obedecer para realizar su propia especificidad.

Ciencias como ciencia

También aquí, nada de discursos abstractos y totalizantes, sino total adhesión al dato. Y cierto, en algún modo se generalizará (¿cómo podría ser de otra manera?), pero jamás con intenciones sistemáticas y exhaustivas, sino de acuerdo con necesidades de claridad y corrección maduradas en el momento. *Entia non sunt multiplicanda*, etc. También aquí no se dirá, en suma, más de lo necesario.

El dato lo tenemos, otra vez, en las observaciones de Prodi, de las cuales hemos partido, y en la discriminación que él establece entre la ciencia y lo que la ciencia no es: la *separación* entre "observador" y "hecho observable"; entre estudio, pues, y cosa estudiada. Donde se da tal separación, se da ciencia. Se da posibilidad de ciencia. Donde no se da, no.

Es una separación cuya pretensión, pienso, es de inmediato capaz de incomodar a muchos de mis lectores. Es convicción honda y común que las dos "cosas" sean

                                    Luciano Nanni

inseparables. Toda persona que se considere en alguna forma informada al respecto; es decir, acerca de los movimientos más avanzados de la actividad teórica (lo constato cotidianamente con colegas y estudiantes; a menudo luminares los unos y genialísimos los otros), no se pone escrúpulos para sostener que tal separación es imposible; considera, por el contrario, un deber defender tal convicción y volverse paladín de esta, contra viento y marea. "¡Nadie ve las cosas como son! Solo un loco puede pensarlo". "La descripción es imposible. ¡El compromiso con 'lo descrito' es inevitable!". "¡Solo un realista ingenuo de la peor especie o un metafísico de suburbio puede todavía sostener una cosa así!". Y suma y sigue. Admita tal lector su espontánea adhesión a estas afirmaciones; pero también, pienso, su incomodidad hacia la afirmación contraria, es decir, hacia la afirmación de que la separación entre "observador" y "observado" es pensada como sensata y posible; y que viene además de un hombre prestigioso, de un científico insigne en uno (Prodi era oncólogo) y otro ámbito (era también semiólogo y filósofo) de la ciencia. ¿Cómo no creerle? ¿Y entonces? Incomodidad, incomodidad y perplejidad.

Bien. Permítame este renitente lector mío agravar este estado de ánimo suyo todavía más. Con buena intención, entiéndase. Arrojados entre dos posiciones contrarias e igualmente autorizadas; arrojados, en suma, en el vacío, no quedará otra cosa que hacernos cargo de nosotros mismos reapropiándonos de nuestra cabeza. Pero vamos con orden. Procedamos mientras con las dosis agravantes; con quien, en suma, piensa como Giorgio Prodi. Pienso en los referentes esenciales de la teorética del siglo xx. Pienso, por ejemplo, en Saussure y en cuanto él afirma en la apertura de su *Cours*, una biblia para las ciencias humanas de nuestro tiempo, de la lingüística a la semiología, de la crítica literaria a la antropología, y demás.

La ciencia que se ha formado en torno a los hechos de la lengua ha pasado por tres fases sucesivas antes de reconocer cuál es su verdadero y único objeto. Se comenzó haciendo lo que se llamaba la "gramática". Este estudio, inaugurado por los griegos y continuado principalmente por los franceses, está fundado sobre la lógica y carece de toda visión científica y desinteresada respecto a la lengua misma; este se preocupa únicamente en proporcionar reglas para distinguir las formas correctas de las formas no correctas: es una disciplina normativa muy alejada de la observación pura y su punto de vista es necesariamente restringido (Saussure, 1962: 9).

La ciencia, por lo tanto, es también para Saussure imposible sin la separación entre la ciencia misma (en este caso, la lingüística) y su objeto de estudio (en este caso, la lengua). La exigencia del "desinterés" de la lingüística respecto a la lengua lo dice claro. Desinterés, que viene de *inter-esse* (ser dentro) y *dis-*: su negación. Luego, quien pretendiera ser adentro, estar adentro, estar comprometido con el propio objeto de estudio, no haría ciencia; no se dispondría hacia este en dimensión científica, sino que activaría una "disciplina normativa", teleológicamente dirigida no a conocer simplemente la "cosa", sino a modificarla, que es el fin no de la teorética (de la ciencia), sino, habría dicho ya Aristóteles, de la *práctica*, y habríamos dicho nosotros, de la ética en general. Ética de acuerdo con la etimología, se entiende, antes y fuera de todo juicio de valor: ética, que viene de *ethos*, costumbre, comportamiento, y por lo tanto práctica dirigida antes que todo no a explicar, sino a producir cosas y comportamientos. Nada malo con ello: lo importante es no confundir estas dos prácticas, haciendo pasar una por la otra.

Pero hay más. Con el nombre que sacaré ahora a colación creo que el proceso de catalepsia pronosticado en mi antedicho lector podrá llegar a su culmen; al pun-

                                        Luciano Nanni

to muerto, al punto crítico, en el cual de nuevo todas las direcciones son posibles; incluida la renovación de sí mismo a causa de otras convicciones y otras ideas. ¿Qué maniobra más pertinente al respecto que aquella de invertir a nuestro favor el dato que nuestro antagonista pensaría en usar contra nosotros? Pues bien, si hay un nombre que conjeturo puede haber aparecido en la mente de mi lector como negación de cuanto le estoy, aquí, diciendo; pienso que ese nombre sería el de Heisenberg, Werner Heisenberg. ¿No es Heisenberg el teórico más conocido en este argumento? ¿No es él quien es constantemente citado, al menos en el área humanista, a favor de la indeterminación? ¿No es él quien es citado a favor de la imposibilidad de separar precisamente la "cosa" de los instrumentos usados para estudiarla? Entonces, nadie mejor que Heisenberg para confirmar lo que ya hemos visto han afirmado Prodi y Saussure. ¿Pruebas? Leamos:

Ya no es posible hablar del comportamiento de la partícula, independientemente del proceso de observación. Esto tiene como consecuencia que las leyes de la naturaleza, que nosotros formulamos matemáticamente en la mecánica cuántica, no hablan ya de las partículas elementares en sí, sino del conocimiento que tenemos de ellas. El problema de si estas partículas en sí existen en el tiempo y en el espacio no puede, por lo tanto, ya ser propuesto de esta forma; dado que nosotros podemos hablar siempre y solo de los procesos que suceden cuando queremos inferir el comportamiento de la partícula a partir de la interacción entre esta y algún otro sistema físico, como, por ejemplo, el aparato de medición. La idea de la objetiva realidad de las partículas elementares se ha, por lo tanto, sorprendentemente disuelto; no en la niebla de alguna nueva, poco clara o todavía incomprendida idea de realidad, sino en la transparente claridad de una matemática que no representa más el comportamiento de la partícula, sino nuestro saber acerca de este comportamiento. Si se puede hablar de una imagen de la naturaleza propia de la ciencia exacta de nuestro tiempo, no se trata entonces ya propiamente de una imagen de la naturaleza, sino de una imagen de nuestra relación con la naturaleza (Heisenberg, 1955: 42).

Atención. Entonces, si es cierto que, por un lado, Heisenberg admite la inseparabilidad del objeto (el electrón) respecto al sujeto (los instrumentos que definen su imagen), es también cierto que, con esto, por otro lado, no cancela la ciencia como descripción y, por consecuencia, la separación de la ciencia de aquello que esta estudia; tanto que ni siquiera la problematiza, la da por descontada. ¿No habla tranquilamente de una ciencia exacta (de una matemática) que puede *representar nuestro saber*, etc.? ¿Y no es postulado, precisamente, del correcto representar, presuponer que aquello que deberá ser representado esté ya dado y dado como separado de la representación misma? No se debería, de otra manera, hablar de representación, sino de producción. No hay dudas. Aquí, Prodi, Saussure y Heisenberg dicen la misma cosa: los modos del hacer ciencia no pueden estar contagiados por los modos de producción del objeto estudiado; aun si fuera producido, tal objeto, por la ciencia misma (por los instrumentos de la ciencia misma como, precisamente, sucede en la física) que después habría de estudiarlo. Los modos de producción son sintéticos y tienden a hacer pasar el mundo, las cosas, de lo indefinido a lo definido, de lo indeterminado a lo determinado. Los modos de la ciencia son analíticos y tienden a tomar simplemente conciencia de estas mismas determinaciones. En el caso en el que la ciencia se pusiera a definir en primera instancia, se negaría a sí misma como ciencia y se volvería (como se ha propuesto decir en sentido amplio) ética. Nada de malo, repito, a condición de que se sepa y, en el momento debido, se declare. Es solo en el análisis que la ciencia deviene propiamente ciencia (es solo en el análisis de la imagen del electrón, por ella misma producida, que la física se

                                    Luciano Nanni

vuelve ciencia en sentido propio): en simple función productiva esta es una actividad normativa (ética) no diversa de las infinitas otras que cotidianamente presiden nuestra vida; no "lingüística", en suma, sino todavía "lengua"[1].

Tampoco Heisenberg piensa, en conclusión, que la descripción deba ser eliminada; que deba ser pensada en línea de principio como impracticable (todo sería interpretación y nada podría ser objetivamente descrito). Reduce solo sus pretensiones. ¿No puede pensar en escogerse como su objeto el electrón en sí (la cosa en sí, se podría decir con Kant)? Bien, no hay problema: que ejercite su poder donde pueda legítimamente ejercerlo, sobre aquello, en suma, que nuestras relaciones con el mundo tienen ya del mundo recogido (desde un punto de vista cultivado) y, en consecuencia, definiéndolo, listo para ella. Para continuar con Kant, sobre los fenómenos, dejando las cosas en sí a su (¿ético?) destino.

Y aquí se puede, queriendo, registrar el milagro del acuerdo. Acuerdo, en primera instancia, reitero y complemento, con el pensamiento de los autores en cuya línea Heisenberg ha sido convocado en cuestión. No es explícitamente lo que quieren poner en relieve, pero, implícitamente, también Saussure, Prodi y afines concuerdan del todo con este repliegue, de lo extracultural a lo endocultural del campo en el cual la descripción puede elegir legítimamente sus objetos de estudio. ¿No es acaso cierto que los objetos a observar son también para Saussure la "lengua" y para Prodi

---

[1] ¿Por qué la "fusión en frío" de Pons y Fleischmann no ha entrado todavía en el patrimonio de la ciencia? No ciertamente porque la ciencia (en este caso la física) no haya producido algo, sino porque, una vez producido este algo, no lo ha sabido analizar y decir en sus principios constitutivos, y de este modo volverlo intersubjetivamente controlable. Es solo en este nivel analítico suyo que la ciencia deviene en sentido propio "ciencia". No en otro.

las "tomas de contacto con la realidad"? En ambos casos, entonces, *prácticas*, relaciones, y no cosas en sí.

Acuerdo, en segunda instancia, con mis supuestos lectores antagonistas, porque el supuesto desacuerdo se revelaría fruto de un simple equívoco. ¿Es posible o imposible (es legítimamente pensable o impensable) la separación objeto-sujeto? Bien: en absoluto no se puede decir. Depende de los espacios donde tal separación se pretende ver. Si se la pretende ver en el espacio horizontal de nuestra relación ética (sintética) con el mundo, esta es imposible. En principio no están, gnoseológicamente hablando, las cosas, sino las relaciones. Mis supuestos antagonistas tendrían razón; y además mis epistemólogos (Prodi, Saussure, etc.), como se ha visto, no estarían en desacuerdo con ellos. Si se la coloca, por el contrario, en el espacio vertical de nuestra toma de conciencia (de la descripción) de la identidad de estas mismas relaciones, entonces es posible. Así lo consideran los estudiosos citados; pero, además, no pueden sino coincidir con ello mis supuestos renitentes lectores, por una serie infinita de razones que aquí sería demasiado largo enumerar; no última aquella en la que la negación de la posibilidad de la descripción implica lógicamente lo que niega; es decir, la posibilidad de describir sin compromiso (he aquí el punto) la imposibilidad de la descripción misma.

Acuerdo, finalmente, con todos aquellos sectores de nuestra actual cultura que sospechan un poco acríticamente de la ciencia y de todo aquello que pudiera tener que ver con ella. En primer lugar, el sector vasto, vastísimo, internamente diferenciado y en sus márgenes aún más deshilachado, de la hermenéutica. Siempre "una apertura previa" –ética, digo yo– precede, diría Vattimo, a nuestro vernos vivir, a nuestro vernos en

                                          Luciano Nanni

el mundo. ¿Pero qué son las relaciones, presupuestas como primarias por la ciencia misma, si no "aperturas previas", aperturas ya dadas sobre el mundo, en suma, sin las cuales esta sería imposible? ¿Acaso hubiera sido posible (pensable) la lingüística sin la preexistencia de una lengua? En ausencia de una lengua, ¿a quién se le hubiera ocurrido inventar la lingüística? Y así también en ausencia de la "vida" de los astros para la astronomía, y demás.

Tengo la impresión de que solo acríticas posiciones ideológicas o decisiones éticas, que, con los fines del conocer, rigurosamente hablando, tienen poco que ver, podrían seguir queriendo ver muros aquí, donde para nada los hay. Como también negarse a ver la profunda unidad de la ciencia en su conjunto que las citas presentadas aquí evidencian en menor o mayor medida. Ciencias del hombre. Ciencias de la naturaleza. Ciencias diversas entre las ciencias del hombre. Ciencias diversas en la familia de las ciencias de la naturaleza. Toda una pluralidad solo de superficie; una pluralidad aparente que debe repensarse como unidad. Y estamos en el primer ajuste del binomio de partida: de las ciencias, en plural, a la ciencia, en singular. Su estructura epistémica es la misma: una y solo una para todas.

Veamos. Para todas: a) algo indeterminado, algo todavía no reducido a constructos conceptuales finitos (un hecho histórico, un dato de la naturaleza); b) su cultivación, a través de nuestras prácticas, en *signos*, en los constructos conceptuales anteriormente indicados (un documento sobre las cruzadas, una imagen del electrón construida por nuestros instrumentos, etc.). No se debe olvidar que solo en el campo *de los signos*, de hecho, puede realizarse aquel postulado de intersubjetividad que, como se ha visto, es propio de la ciencia, si de la ciencia es el horizonte de control; c) la puesta en análisis, finalmente, de estos signos con todas las advertencias y los criterios (coherencia intensional, coherencia extensional –el antedicho control–) debidos. Si son posibles las inferencias sobre la identidad de lo "indeterminado" en sí, de lo extrasemiósico, pues (y obviamente lo son), serán posibles siempre y solo a partir de lo semiósico, en conjunto: ya sea en el mutar como en el permanecer.

Es por esta estructura epistémica que las ciencias son ciencia (estructura que alguien pudiera llamar también estructura metódica), no por el contenido del que se ocupan. La biología no es ciencia porque se ocupa, digamos, de la célula, sino porque se ocupa de ella según la estructura formal indicada. La fonología no es ciencia porque se ocupa del sonido en la lengua, sino porque se ocupa de este según la estructura formal indicada. Y así la física, y así la historia, y así cualquier otra práctica que pretenda ser considerada científica[2].

---

[2] Es iluminante al respecto el desconcierto que produjo el conocido premio Nobel de física Abdus Salam con su respuesta a un entrevistador. Interrogado acerca del porqué se empeñase tanto en descubrir la unificación, en la naturaleza, de todas las fuerzas, Abdus Salam respondió: "¡porque Alá es uno!". Causa del desconcierto del periodista: "¿cómo es posible que un hombre, que parte de tales motivaciones religiosas y dogmáticas, pueda ganar un premio de la ciencia occidental, laica y problemática?". Pues bien, nuestro periodista no habría sufrido tal desconcierto si hubiese sabido más acerca de los lugares y las modalidades en los cuales el pensar deviene precisamente ciencia. Las teorías pueden venir de cualquier lugar (de los sueños, de las religiones, del azar, de las manzanas que caen, etc.): en este nivel no son todavía ciencia. Se convierten en ciencia en aquel que se ha denominado el horizonte de la justificación; de su *uso*, vamos, según los principios de la ciencia occidental, precisamente: su elaboración sin contradicciones internas (coherencia intencional), indicación de su horizonte de control, deducibilidad de la teoría de los hechos comprendidos en tal horizonte (coherencia extensional), posibilidad intersubjetiva de efectuar tal control, y así en adelante. No antes. Los paradigmas de los que tanto se habla no son ciencia en sí, por su contenido,

Luciano Nanni

Conclusión. Si queremos establecer una correcta relación entre el campo del arte y la ciencia, debemos establecer tal campo no en relación con las individuales ciencias y sus contenidos, sino precisamente con esta estructura epistémica. Ahora bien, ¿se da algo similar en el campo del arte? Según Prodi, como hemos visto, habría que decir que no. Y yo también estaría de acuerdo si no fuese por aquella excepción que he anticipado en la apertura de estas páginas y que ahora ha llegado el momento de explicitar.

Estética como ciencia

En la estética, decía Prodi, el rol del observador está mezclado con el hecho observable, a diferencia de lo que sucede con otros tipos de "toma de contacto" con la realidad. Ahora bien, existe un pronunciamiento de la estética del siglo xx que ha refutado desde hace tiempo esta confusión. Es un pronunciamiento que comienza lejanamente, con el siglo, pero que yo aquí recogería, por comodidad, en sus últimas prolongaciones. Me refiero a la identidad que a la estética se ha conferido en la nueva fenomenología crítica. Tomemos el pensamiento de Luciano Anceschi como emblema: este no solamente persigue la distinción indicada, sino que la usa como perno de decenios de trabajo. Veamos. Una cosa son las *poéticas* (si se quiere "los modos lingüísticos de quien desarrolla experimentalmente el campo del arte" de Prodi y análogamente las "lingüísticas normativas" o la "lengua", de Saussure), prácticas legítimamente definitorias en modo dogmático, sintéticas y produc-

---

en suma, sino que se convierten en ciencia cuando se hacen vivir según aquel paradigma formal que, aun con todas sus autocorrecciones y actualizaciones, resulta ser *uno*, como ya se ha visto, de Galilei en adelante.

tivas: pensamiento ético; prácticas éticas, en suma, en mis términos. Y otra cosa es la *estética*. Horizonte puramente encaminado a comprender todo lo que el campo de las poéticas activa y variamente pone en este ámbito (las obras de arte), todo lo que el campo de las poéticas divide y relaciona entre ellas según los movimientos, conjuntamente continuos y discontinuos, de la vida. Arte (poéticas) igual a vida. Estética igual a reflexión sobre la vida. Cuidado, advertiría también Anceschi, con una estética que se contaminase con los modos de las poéticas y del arte. Moriría como estética y viviría simplemente como una poética entre las otras (tantas), sin tener ya legitimación alguna para comprenderlas. Más aún, sería naturalmente su antagonista y estaría en guerra (legítima, en este nivel en común) con ellas por la supervivencia. Moriría, en suma –y no veo cómo se pudiera estar en desacuerdo, después de lo que aquí se ha dicho– como ciencia.

Además, por parte de la reflexión científica sobre el arte esto se sabe. Otros, muchos otros además de Prodi, sabían y saben que esta distinción es obligada. Releamos juntos, por ejemplo, a Roman Jakobson:

> La investigación sintáctica y morfológica –subraya– no puede ser suplantada por una gramática normativa; del mismo modo, ningún manifiesto que proclame los gustos y las opiniones personales sobre la literatura creadora puede sustituirse a un análisis científico y objetivo del arte del lenguaje (1963: 183).

También aquí el pronunciamiento es decisivo. La confusión de los dos puntos de vista no paga, ni para la ciencia ni para la poesía (para el arte). Jakobson aquí se refiere en específico a la confusión entre ciencia del arte y gusto del crítico, pero si ante la ciencia la intromisión en la ciencia misma del gusto creativo (de los modos del arte) debe ser estigmatizada, lo mismo

                                              Luciano Nanni

vale para las poéticas de los artistas cuanto Jakobson dice de los críticos. Y así pensaba Roland Barthes. Y así pensaba J. Lotman e incluso antes J. Mukarovsky. Y así también, en línea directa con Jakobson, pensaba y piensa Umberto Eco y, con él, hordas de lingüistas y semiólogos, más o menos famosos, más o menos competentes.

El problema es que, después, en la práctica, se olvidan de esto y terminan por confundir precisamente lo que tan solemnemente querrían (justamente) dividir. Jakobson y toda su progenie, admitiendo subrepticiamente en la ciencia del arte (en la estética) un gusto suyo, un *interés* suyo; es decir, la poética simbolista y futurista, por todo lo que de la poética simbolista en términos de atención al lenguaje el futurismo retoma, en perjuicio obviamente de los derechos de reconocimiento debidos a todas las otras[3]. Barthes, incorporando una "descontingentización" metafísica, en sí monolítica e inexpugnable: una verdadera cubierta, asfixiante para el arte y su dividida (histórica) variedad (1965: 47). Y así sucesivamente. Se podría continuar con tantos otros ejemplos, en cascada.

Convendrá, más bien, retomar, más sobriamente, nuestro hilo y preguntarnos si, fallido el enganche entre la ciencia y el arte por vía formal (la ciencia, se ha

---

[3] Recuérdese el principio de la artisticidad de Jakobson: "el principio de equivalencia desplazado del eje de la selección al eje de la combinación". Bien. Sometámoslo, por ejemplo, a la prueba del pensamiento operativo de Bridgman (1927). No es un modo indigno de control: el significado del término "fuego" está dado por todas las operaciones que podemos hacer con el fuego. Muy bien. Tomemos la teoría de Jakobson e intentemos producir con ella textos literarios: saldrán solamente poesías a la Mallarmé o la Hopkins. No Leopardi. No Dante. Tal vez un poco de Baudelaire y un poco de Marinetti, pero estamos siempre ahí: precisamente entre simbolismo y futurismo. Este es su legítimo horizonte explicativo, no la poesía (el arte) en general, como, por el contrario, se pretendería.

visto, tiene, si acaso, alguna relación con la estética; si esta evita de confundirse con el arte, pero jamás con el arte), no sea, por otro lado, posible, intentarlo por vía sustancial. Detengámonos un momento. Hemos individuado la "ciencia", un principio de fondo de su estructura formal. La hemos inmerso a modo de cuajo en el campo del arte; aquí la hemos visto conformarse no con el arte en sentido estricto ni con el pensamiento (las poéticas) que lo producen, sino con la reflexión sobre el arte y por lo tanto con la estética. No queriendo todavía desistir de nuestro intento no queda sino otra vía de confrontación, aquella precisamente sustancial: la confrontación entre los contenidos de la ciencia y los del arte. Ciencia que, en este nivel, retornará de inmediato a ser naturalmente las ciencias, en plural. Es solo el contenido que diferencia –es oportuno reiterarlo– una ciencia de la otra, no sus postulados formales que, como se ha visto, son siempre los mismos.

Biología llamamos a la ciencia que se ocupa de la vida; astronomía la llamamos si se ocupa de los astros; lingüística si se ocupa de la lengua; y así en adelante. Tantos contenidos entonces para tener presentes. Tantos como aquellos de las ciencias existentes. Muy bien. Pero ¿cuáles son los contenidos del arte? ¿Cómo proceder seriamente en la exposición si no nos interrogamos antes sobre los contenidos propios del arte? ¿Y existen contenidos propios del arte? Si sí, ¿cuáles? Y si no, ¿por qué? Veamos.

La indiferencia de la artisticidad respecto a los contenidos:
el problema de los indiscernibles "estéticos"

Relata Arthur C. Danto:

Un día, en una exposición de arte conceptual dentro el New York Cultural Center, tuve la ocasión de ver una obra constituida por una normal mesa con algunos libros encima; libros

                                        Luciano Nanni

de filósofos analíticos como Wittgenstein y Carnap, Ayer y Reichenbach, Tarski y Russell. Reducible, en su anonimidad, a una simple superficie de trabajo, habría podido tratarse de una mesa de mi estudio; los mismos libros eran del género frecuentemente consultado por mí en el ámbito del trabajo filosófico que estaba realizando (1986: 7-10).

Y prosigue:

Una consecuencia filosófica de la existencia de obras artísticas exactamente iguales a los objetos de uso comunes fue que la diversidad entre unas y otros no podía consistir en alguna presunta diferencia estética. Un tiempo a los teóricos las cualidades estéticas les parecían muy similares a las cualidades sensorias, al grado de hacer pensar que el sentido de la belleza debiese ser el séptimo sentido [...] Pero, así como la obra de arte y el objeto real compartían toda cualidad sensoria, tanto que no era posible distinguir una del otro únicamente con la ayuda de los sentidos; no era tampoco posible distinguirlos estéticamente, si las diferencias estéticas equivalían a diferencias sensorias (*ib.*).

Ahora, pasando por alto el hecho de que en este texto de Danto el término "estética" no indica, como para mí, la ciencia del arte, sino, ambiguamente, a veces las cualidades artísticas, otras las simples cualidades sensibles independientemente de su relación con el arte (es en este segundo sentido que he citado el término en el título de este parágrafo); y pasando por alto también el hecho de que Danto termina por responder al problema con un aristotelismo *di maniera* que deja, a mi parecer, las cosas igual (1986: 209-210)[4]; en el asumir la cues-

---

[4] No es que Danto no vea lo que, a mi parecer, sería la respuesta adecuada, es decir: la mesa en cuestión, si es "normalmente utilizada" –son palabras de Danto mismo– es un objeto de uso; si es utilizada, en cambio, como arte (y por lo tanto según el modelo cultural que una época dada tiene del funcionamiento de algo como arte, digo yo, N. d. A.) es arte. La ve, la dice también, precisamente, pero como *lapsus*. Saussure afirma que a menudo es más fácil ver la verdad que ponerla en el lugar adecuado. Pues bien, me parece que también a Danto le sucede justo eso: tiene en su mano, en mi

tión, en cambio, es muy agudo y decidido: si una mesa es arte y otra no y las mesas son iguales, la artisticidad no puede ser función de la estructura de los objetos y de sus cualidades sensibles (estéticas).

Veamos entonces. Casos similares, después de Duchamp y sus *ready-made*, están ahora a la orden del día en nuestra cultura, con equívocos que no terminan. A veces costosísimos para quien los comete. Pensemos, por ejemplo, en el caso de la puerta de Duchamp, asumida como una vieja puerta rota y por lo tanto restaurada por la empresa encargada de la manutención de los locales de la muestra de la Bienal de Venecia; en el proceso jurídico subsecuente y en la pesadísima compensación a la cual se condenó al Ente de la Bienal. Bien. Si la artisticidad no es función de la estructura de los objetos y de sus cualidades sensibles, ¿de qué cosa será función? ¿A qué cosa estará ligada? Pues bien, no hay mucho de dónde elegir. Si no es reconducible a las cosas en sí y si en algún modo tiene que ver con las cosas (la obra es siempre, al final, un objeto; aun cuando fuere, este, el rótulo que lo niega), esta no podrá sino resultar ligada a algún modelo de uso de las cosas. O dentro de las cosas[5] o fuera de ellas: no hay otra alternativa. ¿Y qué puede estar afuera de las cosas si no su uso? Modelo de uso que puede incluso fungir (y de hecho funge) como razón de su nacimiento. Necesito una mesa, me la hago, y en la forma que precisamente la necesito; tengo necesidad de experimentar la presencia de una cierta obra de arte, pues me la hago, y así en adelante. Modelo de uso, delegación de artisticidad (cultivación del mundo según una cierta idea de arte); una poética, en suma, que podrá también, dadas

---

opinión, la solución correcta, pero no se da cuenta y no extrae todas las consecuencias que se necesitaría extraer para dar a esta verdad todo su debido espesor.

[5] Ya sean materiales o mentales (psíquicas).

                    Luciano Nanni

sus necesidades, pretender (sí) la atención a las cualidades sensibles de las cosas, pero precisamente como voluntad suya y no de otros ni de otra cosa; en segunda instancia, por lo tanto, y jamás obligatoriamente.

La objeción, además de posible de hecho practicada, de que esta verdad valdría solo para el arte conceptual, no convence. Más bien convence la sospecha contraria, o bien la sospecha de que en el arte conceptual se ponga en relieve el principio constitutivo del arte en general; el principio que lo pretende siempre constituido históricamente por alguna cultura; que lo pretende siempre, para ser más precisos, como fruto de la cultivación artística del mundo por parte de alguna poética, dentro y por un determinado espacio-tiempo y al mismo ligado en vida y en muerte.

Principio, este, todavía más válido al no considerarlo solo como base de la constitución del arte, sino de la identidad de nuestras cosas en general. El escurrebotellas (y estamos todavía con los indiscernibles, con uno de los más famosos) no es escurrebotellas en sí, sino solo dentro de la práctica, la relación (estamos de nuevo con Prodi y en nuestro punto de partida) del escurrir botellas (además, ¿qué indica su pretendido nombre si no esta práctica?). Fuera de esta práctica tal objeto pierde su nombre y regresa a ser cosa[6]. ¿Por qué entonces maravillarse si, entrando en relación con la galería de arte en lugar de la cantina, adquirirá la identidad de obra de arte y será apreciado por su forma, su color, etc.? Solo un ciego señor de la ideología, un obtuso y necio absolutizador de fenómenos con pretendidas esencias extra-fenoménicas podría tener

---

[6] "Cosa" es uno de los términos de los que el lenguaje se vale (otro ejemplo podría ser "chirimbolo") para indicar lo que todavía no tiene nombre o para quitárselo si ya lo tiene, posiblemente en la espera de darle otro. Es famoso últimamente el caso del PCI, convertido, antes de ser renombrado como PDS, precisamente en la "cosa".

algo qué replicar. Nadie más. Y luego no nos olvidemos de Pascal: "lo que aquí es justo, allá es injusto; lo que aquí es bello, allá es feo, y así lo demás" (1670: 132-133).

Ningún contenido es, entonces, propio del arte. El arte del siglo xx nos demuestra para sí y para el pasado que cualquier contenido puede entrar, intersubjetivamente hablando, en la casa del arte: de *Los novios* de Alessandro Manzoni a la *Mierda de artista* de Piero Manzoni; de una *Sinfonía* de Mahler a un *Poema ventral* de Adriano Spatola, o a los ruidos de las sillas movidas por Cage. Ningún contenido puede ser, en línea de principio, negado al arte. Y no es esta una verdad solo para el posestructuralismo o posmodernismo, como se quiera llamar, donde indudablemente triunfa –pienso precisamente en Danto; pienso en Fish (1980)– contra el estructuralismo ideológico (una poética asumida indebidamente como dominio y travestida de ciencia, de estética) de los años pasados, sino que es una verdad teorética más vasta y con raíces lejanas. Presente ya en la estética del siglo xx en Jan Mukarovsky (el bueno, naturalmente)[7] y en general, en la teorética, incluso en Platón. El Platón del triunfo del uso, naturalmente. Recordemos: ¿quién tiene el arte de hacer las sillas de montar? No el guarnicionero, sino el caballero. ¿Quién tiene el arte de hacer bien la cítara? No el constructor de cítaras, sino el citarista, aquel que la toca[8]. Gran verdad que, en la perspectiva histórica de

---

[7] Normalmente distingo un Mukarovsky bueno –prevalente, por cierto, en la totalidad de su pensamiento–, culturólogo atento que reconoce muy bien que la identidad de las cosas no es función obligada de la estructura de las cosas mismas, sino de los modelos culturales que, según sus propias necesidades, las producen o las resignifican; de un Mukarovsky "malo" que al final, puesto en aprietos, no logra liberarse de Jakobson y de su realismo estético dogmático e ingenuo.

[8] Si el guarnicionero hace bien la silla será porque alberga en su interior, en la propia mente, el saber del caballero. No por otra cosa.

                                                        Luciano Nanni

sus modelos (de la metafísica a la historia, a la práctica), explica a mi parecer muchas cosas, aun condenada a emerger siempre y solamente en los periodos de crisis, cuando por una razón u otra, los señores de la ideología no logran ya, como en este momento[9], esconderla bajo sus sofocantes cenizas.

Conclusión: ¿cómo situar las relaciones entre arte y ciencia, en esta vía concerniente a los contenidos? Es imposible más allá de la insignificancia: el mundo es su contenido común, que es como no decir nada, ya que el mundo no es tanto un contenido sino más bien el horizonte de todos los contenidos posibles, que se asumen más o menos en el arte o en la ciencia.

Todo esto puede decirse solo de manera teorética, porque desde el punto de vista histórico, las cosas se ponen de manera distinta. Es sabido, de hecho, que muchos artistas se han dejado (se dejan) sugestionar por descubrimientos (por contenidos) de alguna ciencia, así como por procedimientos racionales de la ciencia *tout court* en la producción de sus obras y que, viceversa, también los científicos se dejan, a veces, guiar por poéticas en la construcción de sus teorías[10], pero esto no cuenta, o mejor dicho, no es pertinente a lo que este texto prevé: científicos y artistas pueden recolectar sus materiales de cualquier lugar, como ya hemos visto, pero no es este el nivel en el cual, reitero, arte y ciencia en cuanto tales se constituyen. En todo caso, hacer ver estos intercambios no es aquí mi intención.

Quien la usa (el caballero), dice Platón, tiene verdadera ciencia; quien la construye (el guarnicionero) tiene, en cambio, "creencia"; es decir, cree a cuanto le dice el caballero. Un caballero (un usuario) consciente, se entiende.

[9] Este es, para mí, el aspecto bueno del posmodernismo.

[10] No hay que olvidar, por ejemplo (y creo que este ejemplo sea suficiente), a Albert Einstein, quien, al parecer, en la incertidumbre entre dos ecuaciones, terminaba por elegir la más bella. Para luego someterla también al control intersubjetivo, naturalmente.

Antes de cerrar, concédaseme aún una breve observación sobre un presupuesto de fondo de aquel *desinterés* y de aquella distinción que tanto me ha empeñado hasta ahora: nuestra presuposición de poder practicar un ojo panorámico (Sini, 1992) o inocente. Veamos.

Del ojo inocente, en conclusión

Leamos a Prieto:

> Es necesario no confundir los dos diversos roles que un punto de vista desarrolla; por una parte, cuando constituye un elemento de la construcción de un conocimiento, y por otra, cuando constituye su objeto: dado que el objeto de la fonología es el modo en el cual el sujeto hablante conoce los sonidos, el punto de vista que da cuenta de este modo de conocerlos y que, como sabemos, es el de las relaciones que los unen a los significados, forma parte también del objeto de la disciplina, pero esta no se pone por considerar este objeto desde ningún punto de vista (1975: 133).

Desde ningún punto de vista: ¡he aquí el punto que viene totalmente al caso! Es la *epoché* fenomenológica, pero liberada de los riesgos dogmáticos que todavía corre en la fenomenología. La fonología (la ciencia) no puede sino tener como objetos de estudio a los puntos de vista, realidades constituidas desde algún punto de vista, desde alguna práctica, ya se ha visto, pero lo hará "desde ningún punto de vista", que es precisamente aquel *desinterés* del cual se ha hablado hasta ahora. Según un ojo que esté en grado de *no dañar* (¿no significa precisamente esto, etimológicamente, el término "inocente"?) lo que describe, restituyéndolo a la conciencia consciente, por decirlo así, tal como es; evitando en ello, por lo tanto, cualquier curvatura interpretativa[11]. Siempre en línea de

---

[11] Decir, por lo tanto, cómo están las "cosas". "Cosas" entre comillas, es decir, cultivadas desde algún punto de vista; desde alguna práctica, y, por lo tanto, reducidas siempre ya sea a conceptos que

a signos.   Luciano Nanni

principio, se entiende, porque luego, en línea de facto, las caídas en el interés son siempre posibles. No todos los analistas (los científicos) son santos o águilas.

Bien. ¿Pero qué fundamento dar a su vez a este ojo incondicionado y absoluto? ¿En dónde se fundamenta nuestra legitimación para pensar en frecuentarlo? Cuestión inmensa, pero que aquí, de nueva cuenta, dado el lugar y el tiempo, trataré (disculpándome) en dos líneas.

La ciencia, en cuanto tal, no puede concederse fugas de lo dado; no solo de la parte de las "cosas" que estudia, sino también, añado ahora, de la parte de sus mismos constituyentes teóricos.

En conclusión, de la parte de sí misma: la ciencia no podría existir, en suma, si ya en cualquier modo no existiese. Si se permite practicarse como ojo inocente o "panorámico" es necesario que esta, este ojo, lo encuentre ya practicado y considerado en algún modo como sensato. ¿Y no es este el ojo que cada uno de nosotros practica tranquilamente todos los días con desenvoltura y sin problemas? ¿No decimos frecuentemente "no puedo hacer nada al respecto: quisiera ser diferente pero así soy"? O bien, qué sé yo, "¡Qué te puedo decir! Yo soy de gustos difíciles...", o también "no: ciertas cosas no son para mí". ¿Y no lo decimos convencidos de decir cosas sensatas? ¿Y tal presupuesta sensatez no presupone, a su vez, a otra? ¿A aquella precisamente que en este momento nos interesa? ¿Y qué es esta segunda sensatez si no la posibilidad de frecuentar sin problemas un ojo al cual estos hechos puedan aparecer? ¿Aparecer precisamente como aquellos hechos, aquellas verdades, y no otros (otras), y, por lo tanto, tal como son? ¿Un ojo, en suma, que recibiéndolos no los modifique; que no los modifique mientras los dice y, que, por lo tanto, resulte inocente?

El ojo inocente de la descripción está dado como sensato por nuestra cultura en su conjunto, incluso antes que por nuestra ciencia; por aquel cosmos histórico que, constituyéndonos, también nos contiene. El no-sentido del ojo presupuesto de la ciencia haría cuerpo único con el no-sentido de toda nuestra cultura. Cosa también posible, pero no presuponible ni –por la contradicción que no lo consiente– presupuesta (y aquí es solo esto lo que cuenta) por quien pretendiese hablar solo del no-sentido de la ciencia y no también del discurso con el cual se querría atribuir no-sentido a la ciencia.

El conocimiento científico, como no se cansaba de reiterar Giorgio Prodi –y me gusta tenerlo aquí, en el cierre, como custodio–, no va contra las modalidades de nuestro conocimiento cotidiano (de nuestro conocimiento descriptivo, se entiende), sino que se preocupa nada más por liberarlas de lo superfluo, repuliéndolas de zaborras e impurezas; si se quiere, de ideología. No otra cosa. Y luego, vamos, ¿en qué ojo puede estar sensatamente puesta la tarea de ver –y retomando el último punto dejado en suspenso apuro también el cierre, de verdad, de este escrito mío– las relaciones entre "las artes y las ciencias" (es este el título propuesto por Zecchi para los anales en cuestión, N. d. A.)? ¿No acaso en un ojo capaz de ver las unas y las otras sin modificar su identidad; no importando si en primera o en segunda instancia? En primera instancia, científica, para verlas y basta. En segunda instancia, ética, para modificar su estado, pero después de haberlas científicamente individuado, se entiende. De otra manera, ¿cómo se podría hablar de una modificación suya? ¿Y un ojo de tal naturaleza es acaso diverso de un ojo presupuesto inocente? Me parece que no. También la vida de estos mismos anales lo presupone; presupone la ciencia; y la ciencia, sinceramente, no tendría un testigo mejor.

Estética y semiótica:
el *"ribaltone"* posestructuralista

Preliminares

Estos preliminares consisten en precisiones necesarias acerca de los términos "estética", *"ribaltone"* y "semiótica", los cuales están diseminados a lo largo del argumento de esta conversación.

Comencemos con el término "estética". Sabemos todos que los términos significan lo que la historia, y en la historia a través de cada periodo, las diversas culturas los hacen significar. Sabemos que no son portadores (como también Popper, entre otros –entre muchos otros– ha subrayado con eficacia) de ningún significado inmóvil, metafísico. Fuera de toda posición indebidamente dogmática, sabemos que incluso la referencia a su etimología, que a veces debemos examinar (y no excluyo que deba hacerlo yo también en el curso de esta conversación), no pretende restituirlos a su significado más verdadero y absoluto, sino solo recuperarlos en su significado relativo; en este caso relativo a las exigencias de la situación que los ha visto nacer, y considerado, en la nueva situación, como análogamente oportuno y funcional. No otra cosa. Y el término "estética" no es la excepción. En su historia ha terminado por significar todo y el contrario de todo: la experiencia, la experiencia en su nivel sensible, la sensibilidad reducida al arte, la sensibilidad misma sin el arte, y suma y sigue... El vivir, en suma, en algún nivel suyo, pero también, precisamente, su ausencia, su contrario: la simple toma de conciencia suya, su simple "ciencia". Y es en esta acepción en sentido estricto que aquí será entendida. Acepción galileana y, por lo demás, ya presente en el mismo Baumgarten (no se olvide: *Aesthetica est scientia*, etc.); obviamente depurada, aquí, a la luz de la más creíble reflexión epistemológica del siglo xx, de toda deriva ontológica, positivista o neopositivista que se trate.

Continuemos con el término *"ribaltone"*, reciente neologismo de gran uso en la actual, atribulada, vida política italiana, donde se caracteriza por dos marcas semánticas prevalentes y constantes: derrocamiento y traición. En todos lados y de cualquier manera: ya sea que el término sea usado para definir a los exaliados, por parte de aquella parte política que se considera abandonada; o bien que sea usado por estos hacia aquellos que han abandonado. Derrocamientos y traiciones pretendidas como recíprocas, y recíprocamente, por otro lado, negadas. Es claro que este no es el lugar para entrar en estas espinosas y deprimentes cuestiones políticas. Me interesa, más bien, el posible uso metafórico de este término para describir cuanto sucede, en campo estetológico, entre estructuralismo y posestructuralismo. Tal término me parece más que apropiado, no solo por sus denotaciones sino también por las incomodidades connotativas a las cuales se asocia. En este campo asistimos también a un derrocamiento y, me parece, a una traición, pero no de una precedente verdad, sino a su vez (como ya se cuestiona allá, en el campo político) de otra traición y derrocamiento suyos. Con efectos, también aquí, repito, reducidos a penosas futilidades.

Con el término "semiótica", finalmente, nos remitimos simplemente al campo en el cual estas posiciones han venido formándose y, en su conjunto, al contexto teórico que les ha dado vida y figura. Campo indicado, aquí, en su nivel simplemente intuitivo y espontáneamente compartido. Si serán necesarias otras puntua-

                                    Luciano Nanni

lizaciones y precisiones, las haré durante el camino. Pero vayamos con orden.

¿Qué cosa habrían traicionado las recíprocamente derrocadas posiciones del estructuralismo y del posestructuralismo? Lo digo de inmediato, sin matices ni rodeos: han traicionado, a mi parecer, la explicitación convincente, la descripción correcta, de aquella que considero la estructura lógicamente constitutiva del arte; la toma de conciencia convincente del principio, en suma, de artisticidad. Primero, críticamente, en general, cuando tal principio se confunde con el principio epistemológico de la constitución de la identidad de cualquier entidad, ya sea natural o construida, que entre en relación con nuestra cultura, con nuestros modelos de cultivación (el término *cultura* se relaciona aquí, precisamente, con su etimología) del mundo en general; y después, inevitablemente, en la individuación histórica de aquello que debería ser propio del arte en nuestra actual cultura, ya sea occidental u oriental, en la medida en que también esta última se va occidentalizando cada vez más. Que, luego, sea necesaria la separación entre la estructura y los movimientos científicos que se ocupan de ella me parece intuitivo. Considerarla de otra manera sería como pensar que el ADN, por ejemplo, sea una invención de la biología y no de la vida misma. La estructura es propia de lo viviente –natural y cultural–, y desecharla junto con los movimientos que fallan en su descripción sería, nuevamente, como tirar al niño junto con el agua sucia. Cosa letal para una ciencia (y todos estos movimientos quieren, más o menos implícitamente, ser ciencia; en otras palabras, dar cuenta de cómo están "las cosas") que no renuncie a considerarse como tal correctamente.

¿Qué cosa se necesitaría pensar, entonces, para proceder científicamente en esta investigación? Bien, yo procedería de este modo: indicaría, antes que todo, qué cosa habría sido oportuno ver; qué cosa se habría *debido* ver en esta cuestión; para servirme luego de este "visto", de esta "visura" de lo real –para decirlo con un término más *à la page*– con el fin de individuar los errores de los dos movimientos en cuestión.

Cierto, estoy esquematizando mucho y de manera muy rígida, pero, siendo las cuestiones complejísimas y el tiempo poco, confío ampliamente en mis gentiles lectores y en sus capacidades para reconstruir correctamente mi discurso. Por lo demás, si se quiere dar un cuadro mínimamente exhaustivo del problema, no se puede proceder de otra manera.

Comencemos, entonces, con lo que se habría debido, a mi parecer, ver. Para tal fin me apoyaré en fábulas, en parábolas; en microcuentos e imágenes, en suma. Tienen la ventaja de referir icásticamente lo que de manera teórica requeriría muchas vueltas con las palabras. Pero, como todas las ejemplificaciones animadas, también estas pueden llevar potencialmente al tratamiento de elementos desviados y espurios. Sé que mis lectores serán capaces de recoger de ellas lo que lógicamente es necesario para entenderme y que dejarán de lado todo lo demás. Entonces procedamos de tal modo sin temor.

La potencia constitutiva de los lugares

Tomemos la frase (la pregunta) "¿me da un café?". Es un ejemplo al cual recurro a menudo para decir lo que, para este propósito, quiero decir; y que también usaré aquí.

Supongamos que un alienígena llegase a nuestro planeta y que, adquiriendo instantáneamente (no se ve porqué, de hecho, en él, no debiera estar finalmente

                    Luciano Nanni

activa en su estado puro aquella prensil fantasía cataléptica, de la cual nosotros, pese a las famosas pretensiones de los estoicos, carecemos) todo nuestro léxico, en conjunto con todas las reglas para usarlo, quisiera de inmediato formular, también él, esa pregunta cotidiana capaz de hacerle probar aquella extraña cosa que nosotros llamamos, precisamente, café. ¿Le bastará, para obtenerlo, obrar en el *indeterminado* (en el entrópico) campo del léxico y de sus reglas combinatorias la doble selección (la doble elección, la *doble determinación* o focalización, como se quiera decir) de las cinco emisiones fónicas –cuatro palabras y una entonación interrogativa–, por un lado, y de la regla (entre muchas otras) de su unión (en este caso: pronombre + verbo + artículo, etc.)? Evidentemente no, y creo que estamos todos de acuerdo. Será de hecho necesario que tal disposición (determinación) del lenguaje, con el fin de obtener este bendito café, suceda en el interior de un bar, o si se quiere –concedo–, en cualquier otro lugar; pero no, por ejemplo, en un escenario, en el interior de una obra de teatro. ¿Se imaginan la sorpresa de nuestro alienígena, en el caso que pidiese a alguien del público un café en tal lugar? Nadie se levantaría para traérselo, y aun cuando un barman, casualmente presente en la sala, se incorporase (debido a un ensimismamiento, digamos, condicionado a la Pávlov, para entendernos) para llevárselo, nadie (cosa todavía más chocante para nuestro alienígena) consideraría como real tal vivencia. Si luego nuestro alienígena comenzara a beberlo, este café, nadie (para colmo de la burla) pensaría que él realmente ha bebido un café, sino nada más actuado (¿podríamos decir?) la "bebida" de un café, y nada más. Con gran sorpresa suya, nuestro alienígena se daría cuenta de que para poseer una lengua no basta poseer su léxico y su código combinatorio (gramática y sintaxis), sino que se necesita poseer también sus convenciones (los meta-códigos, por así decirlo) de uso: los únicos capaces de hacer de una lengua una lengua, tanto en sentido no-referencial como referencial (comunicativo, en sentido estricto).

No hay lenguaje sin ejecución sintáctico-gramatical del léxico. Tiene razón Weinrich: solo la ejecución sintáctico-gramatical hace pasar el significado de los términos de lo *amplio*, de lo *vago*, de lo *social*, de lo *abstracto*, en una palabra, de lo *indeterminado* a lo *determinado* de la *circunscripción*, de la *precisión*, de la *individuación* y de la *concreción* (1976: 133-191); pero es solamente el *a priori* de las instituciones, de los lugares, dentro de los cuales tal ejecución sucede, el que nos dice qué cosa tenemos que hacer con tal ejecución determinada; en qué sentido debemos usarla.

Lugares (instituciones) agrupados, para nosotros –hoy–, en al menos dos grandes clases lógicas: aquellos (todos) del arte y aquellos (todos) no del arte. El teatro, precisamente, se ubica en la primera clase, pero también (por decir) la galería de arte, las colecciones de poesía, de narrativa, etc., representables, se entiende, por una simple indicación semiósica suya, tal vez bajo la forma de título puesto en la obra misma. Por ejemplo, el de "poesía", escrito en algo que se querría hacer vivir como poesía, y así con otros. Cualquier otro lugar no determinado para mostrar arte, en cambio, en la segunda.

En el caso de la frase usada en el bar, la convención establece (y estamos todos de acuerdo, pienso) que se deba poner atención solo y nada más en el concepto que esta pretende vehicular. ¿O es que, acaso, con el fin de obtener un café en el bar, también cuenta nuestra voz, ya sea aguda, ronca o solemne? No, todas estas cosas no son pertinentes a la circunstancia en cuestión. En el caso de su ejecución teatral, en cambio, la convención establece que precisamente este aspecto suyo,

Luciano Nanni

su estandarización comunicativa a nivel conceptual, no tenga ya ningún sentido y que todo en la frase devenga, si encuentra paradigmas capaces de leerlo, significativo. ¿Taza de café? ¿Por qué no negro *abîme* de insospechadas acreciones psicoanalíticas, de las más insondables (se sabe) a las más cotidianas? ¿Por qué no símbolo, también, de significativas ritualidades antropológicas y sociopolíticas, y otras cosas por el estilo? Para convencernos de la bondad de tales interpretaciones –tiene razón Roland Barthes, aunque con las debidas integraciones– bastaría su simple organización coherente (1965: 44). No otra cosa. Y más aún, no es que sin la atención a los lugares no exista la atención al nivel pragmático del lenguaje y al uso en general de los signos: no existe propiamente el lenguaje. Existe solo materia todavía indeterminada (constructos inertes) por significar. Constructos que se convertirán en poesía (arte) si son practicados de acuerdo con la convención, la *langue* (la *estructura* de uso, precisamente) del arte (de los lugares del arte); y simple comunicación instrumental, si en cambio son practicados de acuerdo con aquella de los comunes lugares discursivos: bar, aula escolar, etc.

No puede ser algo intrínseco en la frase indicada ("¿Me da un café?") lo que nos explique la aproximación de esta a las dos, opuestas, identidades culturales mencionadas anteriormente. La frase, de hecho, es la misma materialmente. La causa de su mutación de identidad no podrá sino ser función de lo que, en el experimento, cambia; es decir, de su circunstancia de uso, del lugar, en suma, en la cual se da su ejecución. Tanto para el *Escurrebotellas* de Duchamp como para los infinitos *ready-made* del arte contemporáneo. No es algo estructuralmente intrínseco en ellos lo que nos explica su diferencia respecto a un objeto de uso normal. Duchamp no realizó ninguna intervención en la estructura material del escurrebotellas, en su forma. Su *Escurrebotellas* es materialmente indiscernible de cualquier otro. ¿Qué es lo que cambió en la operación de Duchamp? Solo el lugar donde el escurrebotellas fue puesto: la galería de arte en lugar del normal negocio del cantinero o cantina. Y aquí, en el lugar, está su *raison d'être* arte. No en otra cosa. Por lo demás, ¿qué cosa puede permitir, por ejemplo, a *Los novios* de Alessandro Manzoni y a la *Mierda de artista* de Piero Manzoni, estar juntas en el campo del arte? Porque de que estén juntas en este campo no hay duda: la primera obra vive en las bibliotecas de literatura, la segunda en los museos. No ciertamente algún rasgo materialmente común. Y si no es algún rasgo material en ellas intrínseco, no puede ser otra cosa que algún *rasgo funcional* a ellas externo. Y es *esta estructura funcional* externa a los objetos y a las cosas lo que es necesario buscar para entender el principio constitutivo de sus identidades culturales; en este caso, la que es propia del arte.

Alguien podría objetarme que todo esto está bien solamente para aquello que llamamos arte conceptual, pero no para el arte en general. Y bien, yo creo, en cambio, que es verdad lo contrario. Creo que en el arte llamado conceptual se focaliza, finalmente, un principio de artisticidad que no es solo suyo, sino precisamente del arte en general.

La *Gioconda* no es arte en sí, sino por la cultura –y solo por ella– que la ha delegado para funcionar como tal: con ella está destinada a vivir y a morir. La cadena de olvidos y de redescubrimientos de la cual está hecha la historia del arte, las polémicas acerca de las restauraciones o no restauraciones, y, sobre todo, la insensibilidad de *culturas radicalmente* diversas de la nuestra, desprovistas de nuestra noción de arte, hacia estos valores nuestros nos enseñan o, mejor dicho, deberían enseñarnos muchas cosas al respecto. Por lo demás, este principio, como aquí y allá me he permitido afirmar,

                                           Luciano Nanni

parece realmente verdadero en general. Ya Platón nos advertía. No olvidemos: ¿quién tiene el arte de hacer las sillas de montar? Cuidado con responder el guarnicionero. ¿Quién tiene el arte de hacer las flautas? Cuidado con responder el constructor de flautas. Es el caballero, o bien quien la usa, quien tiene el arte de hacer la silla de montar, y si el guarnicionero la sabe hacer es porque no está desprovisto del saber del caballero. Y así también para la flauta. *Cabalgar*: una práctica con sujeto difundido (todos pueden cabalgar), como precisamente aquellas que indican nuestros lugares: en el bar y en una galería de arte, no solo uno sino todos podemos entrar. Cuidado con olvidar (traicionar) los lugares; con no tenerlos, en suma, cuidadosamente presentes. De lo contrario vienen como consecuencia problemas gravísimos: aquellos, precisamente, de los cuales considero que son teóricamente responsables los dos movimientos en cuestión, que se mueven hacia posiciones opuestas, pero traicionando ambos su deber teorético; esta tarea teoréticamente correcta que ellos mismos, además, se han dado y se dan. Veamos.

El lugar traicionado

Me serviría, para organizar cuanto pienso al respecto, de un precedente tentativo de organización de la misma materia por parte de mi colega de universidad y de curso de licenciatura, Umberto Eco.

Umberto Eco, poniéndose también él, no hace mucho tiempo, de frente al problema del lugar en el cual buscar el principio constitutivo de la artisticidad y de los consiguientes comportamientos de la crítica (de las consecuentes legalidades que la crítica llega a reconocer para sí misma) respecto a la obra; ha creído poder delimitar el campo de acuerdo con las siguientes tres intenciones: *intentio auctoris, intentio operis* e *intentio lectoris* (Eco, 1986). Muévase este principio cuanto se quiera, muévalo la historia como considere; al final los confines de su movimiento no cambiarán: estos son y estos serán, de ellos no se puede salir. Pero vayamos con orden. Ocupémonos antes que otra cosa del estructuralismo. ¿Qué podemos decir de él a partir de esta prueba decisiva que nos propone Eco?

Del llamado estructuralismo, porque sabemos cuánto desacuerdo ha creado tal etiqueta en aquellos que han sido considerados sus adeptos. Pero, en suma, el movimiento, a pesar de ellos, ha tenido un rostro común o, mejor, ha sido considerado por quien en este se ha *institucionalmente* inspirado (y esto es lo que aquí cuenta, si del estructuralismo debemos ocuparnos) como si tuviera un rostro común y a este rostro hacemos aquí referencia.

Rostro que, rastreando su origen, vería delineado en aquel que puede ser considerado su padre fundador, es decir Jakobson y su teoría de las funciones del acto lingüístico (1963: 181-218), que bien sabemos cuánto ha influenciado no solo la reflexión especializada sobre el arte, sino también la escuela, sobre todo, y más extendidamente, la cultura en general.

Pues bien. ¿Dónde pone Jakobson el principio de artisticidad? ¿De qué cosa es función la artisticidad para él? ¿No acaso de una elaboración anómala (inusual) del mensaje por obra del emisor? Elaboración que comenzaría a dar sus frutos (el arte, precisamente) cuando llegase a obtener, como también Eco, transcribiendo a Jakobson en términos semióticos, confirma, una confección del tipo: *las ideas verdes sin color* —frase ya mítica— *duermen furiosamente* (Eco, 1975: 328-343). ¿Y no es esto como decir que la artisticidad sería efecto de un texto pretendido (perdonen mis gentiles oyentes o lectores, pero comprendan que estoy cada vez más obligado a

Luciano Nanni

proceder así, en general) como intrínsecamente anómalo por su mismo autor y que por lo tanto el lugar constitutivo de la artisticidad sería, digamos, el bloque en conjunto de la *intentio operis* y de la *intentio auctoris*? No obsta absolutamente a esta conjetura la constatación de que todo este intenso trabajo de confección debería sí oscurecer el texto, pero no hasta el punto de quitar al mismo la intención comunicativa (monosémica en mis términos) referencial. Más bien la corrobora, a mi parecer, definitivamente. Una intención que el texto puede solo volver ambigua y no quitar de en medio es necesariamente una intención que lo precede y por lo tanto una intención no del texto, sino de su autor. Es el plexo *intentio operis-intentio auctoris*, entonces, el que en el estructuralismo está en primer plano, sin eliminar al lector (el usufructuario), se entiende. El referimiento (la referencia), por muy ambiguo (ambigua) que sea, debe no obstante pasar, ¿y pasar hacia quién, si no hacia su receptor? Y todo esto, sin embargo, de acuerdo con el esquema de la comunicación cotidiana, donde la *intentio lectoris* no tiene ninguna autonomía, sino que está, si está, al servicio del emisor y solo de él. La semiosis del arte no tendría estatuto diverso, para el estructuralismo, respecto al de la comunicación instrumental en sentido estricto. Sería la misma, solo un poco más complicada. Más o menos como pensaban los tolemaicos: los movimientos de Marte no negaban, para ellos, la regla del círculo, sino que la volvían solamente un poco más complicada.

¿Qué hace, por otro lado, el posestructuralismo? ¿Vale el perímetro de las tres intenciones de Eco también para dar razón de cuanto este afirma? Pues bien, en línea general, diría absolutamente que sí.

¿Dónde poner, de hecho, la discriminación para separarlo del estructuralismo en sentido estricto? Creo precisamente que se pueda poner en el hecho de que el posestructuralismo no deja de reconocer la consolidada potencialización, por parte de nuestra cultura, de la intención del usufructuario en detrimento de la del autor. No de la obra, se entiende, pero sí la del autor. Y entonces el plexo *intentio operis-intentio auctoris* sería sustituido, para el posestructuralismo, por otro, opuesto, el de la *intentio lectoris-intentio operis*, simplemente.

El llamado posestructuralismo es un movimiento difícil de delimitar en sus conjuntos precisos y en sus autores. Se podría decir, en sentido amplio, que es el horizonte de la hermenéutica; de la deconstrucción, tal vez, de todo convencionalismo, etc. Pero con gran cautela, ya que se trata a veces, aún, de un estructuralismo taimado, de un estructuralismo enmascarado; e incluso de un conjunto de vaguedades, de alucinaciones, se podría decir a la Kant, que todo ven (todo lo que desean ver) excepto lo que se necesitaría críticamente (científicamente) ver. Pero el discurso se tendría que hacer revisando posición por posición, autor por autor. Cosa que aquí obviamente es necesario descartar. No hay mucho tiempo y el problema es complejísimo. Contentémonos con la discriminación. Si estamos de acuerdo con la discriminación, para proceder no se necesita otra cosa.

Bien. El derrocamiento (estamos otra vez con el *ribaltone*) es evidente. Tenemos: plexo obra-autor, por una parte (estructuralismo), y plexo usuario-obra, por la otra
(posestructuralismo). Pero la traición de los *lugares* permanece de manera común. ¿Cómo razonarlos y dar cuenta de su debida atención? Veamos. Lo haría, también ahora, de la misma forma y por la misma vía que, en su tiempo, seguí para defender su necesidad ocupándome del perímetro de Eco (Nanni, 1994: 169-210). Veamos.

La cuestión de la barca, como conclusión

Proponer las tres intenciones mencionadas como perímetro suficiente para dar razón de la constitución de la artisticidad de alguna entidad y de sus movimientos sería como pensar, dije entonces y lo repito ahora, en poder dar razón de la identidad de "barca" de una barca recurriendo únicamente a la intención de su constructor, de la barca misma (si se puede decir así) y a la del barquero que la usa, olvidando otra mucho más importante y profunda; no cuarta respecto a estas, sino primera, porque constituye de las mismas su matriz profunda. *Intención* de la cual las otras tres son simplemente la fenomenología de superficie, destinadas a esfumarse con su desaparición, como se desvanece la nieve con el sol. Hablo de la intención (la lógica) del mar. Solo el mar, solo el *lugar-mar* y su lógica pueden darnos exhaustivamente razón del ser "barca" de la barca, de su constructor, del barquero y de las relaciones entre ellos. No otra cosa. Pensemos en una tierra sin agua: barca, constructor de barcas y barquero se esfumarían en la nada.

Intención, la del mar, que en ámbito cultural he propuesto llamar *intentio culturae* y que tiene en los lugares colectivos (bar, galería de arte, etc.) sus significantes físicos.

El estructuralismo no sabe ni siquiera qué son estos lugares, pero a decir verdad el posestructuralismo comienza a darse cuenta de ellos. Pienso, por ejemplo, en Fish (1980). Pienso en Danto (1986). Pienso también en Vattimo (1994), en Italia; y suma y sigue. Aun cuando, luego, no saben extraer las debidas conclusiones. Tienen la solución en la mano y la dejan escapar. Fish, creyendo que más allá de la intuición de su decisivo poder no haya otra cosa qué ver y qué decir; o tal vez no dándose propiamente cuenta de lo que intuye y de lo que ve. Danto, terminando por optar, cuando responde a la cuestión acerca de estos lugares, por un aristotelismo *di maniera* que confunde el efecto con la causa. Vattimo, porque tiene otros intereses en los cuales pensar, más ético-políticos que científicos *tout court*[1].

Hemos, por lo demás, vislumbrado desde el inicio que no solo tales lugares son activos, sino también que, desde este punto de vista, se subdividen de acuerdo con dos diversas lógicas de uso de los constructos semiósicos y de las cosas: la práctica y aquella diversa propia del arte[2]. Yo creo que el problema más insoslayable de la estetología científica contemporánea debería ser el de intentar describir esta *langue* propia de nuestro arte, hoy. Es esto lo que, en mis últimos veinte años de trabajo, mostrando cada vez los resultados en

---

[1] Es significativa, en particular, la asunción que él hace, a manera de perno de su discurso, de los problemas de aquella que él llama, en breve, "la experiencia de San Ivo". Un lugar, precisamente, una iglesia (Sant'Ivo alla Sapienza, en Roma), visto en conjunto con los problemas suscitados por el museo; otra vez –y estamos siempre ahí–, un lugar.

[2] En el caso de que Eco (y compañía estructuralista) diese (diesen) por descontada la *intención* del lugar y por lo tanto considerase (considerasen), por ello, inútil ocuparse de ella, yo tendría todavía más razón al sostener que ellos no ven su potencia originariamente constitutiva y que no se dan cuenta de cuánto cambie esta potencia pasando de los lugares discursivos en sentido estricto a aquellos del arte. Si yo, telefoneando a mi mujer, no debo precisar que le llamo desde la tierra es porque doy por descontado que no puedo estar en ningún otro lugar. Pero si se me diera la posibilidad de poder estar tranquilamente también en Marte, creo que no omitiría la precisión anterior, dando con ello testimonio de mi conciencia acerca de la importancia de los lugares y de su radical diversidad. Diversidad que nuestros estructuralistas no demuestran, con su silencio, haber concientizado. Ya sea que callen, al ser refractarios en absoluto respecto a la importancia de los lugares, o bien que callen convencidos de que el lugar del lenguaje, si bien activo, sea sin embargo uno y uno solo (el del bar); la cosa para nosotros no cambia: la autonomía del arte no es vista y la lógica de sus lugares es ideológicamente reducida a aquella de los lugares del discurso común.

     Luciano Nanni

mis últimos cuatro libros, he intentado hacer en contra del estructuralismo. Es natural que en ello me esperase algo, alguna colaboración, por parte de la tendencia posestructuralista. Pero por ahora, más que ponerse –con algún representante suyo– en este camino también mío, parece no poder hacer más.

Dice Culler:

> Para Frye, naturalmente, la alternativa está en una poética que intente describir las convenciones y las estrategias con las cuales las obras alcanzan sus efectos (1992: 141).

Muy bien. Es esto lo que se debe hacer, con tal de que sean, sin embargo, poéticas (*langues*) de uso y no de producción. Tiene razón Sausure: a menudo es más fácil ver una verdad que ponerla en el lugar adecuado.

Sobre la posibilidad de hacer ciencia del arte:
en respuesta a Gombrich

Concuerdo con Gombrich en el constatar que la identidad artística (la experiencia artística, dice Gombrich) de una cualquier realidad y comportamiento se presenta ligada en modo orgánico a la totalidad de la visión de mundo (de la vida, de sus valores religiosos, filosóficos, morales, etc.) en la cual se manifiesta (Gombrich, 1995). Es verdad. El hecho es evidente. Cualquiera que mire alrededor suyo con ojo un poco desencantado no tendrá dificultad para darse cuenta.

No existen cosas ni comportamientos artísticos en sí mismos. Cualquier cosa (cualquier comportamiento) puede convertirse en arte. Tenemos a estas alturas pruebas de ello. Piénsese en las obras de Duchamp, de Piero Manzoni, y en las obras de vanguardia (de investigación de vanguardia) en general. Solo un testarudo podría continuar poniéndolo en duda. Incluso el pensamiento puro se ha convertido en arte. Piénsese en el arte conceptual, en aquel más riguroso, naturalmente. Digo el pensamiento puro, en total ausencia de materia. Obras de arte pretendidas como del todo coincidentes con una proposición, con un concepto y basta. Ya en Croce, por lo demás, la materia había estado puesta, como desde nuestro punto de vista, fuera de este propósito. En Croce la obra no era concepto, pero se encontraba de cualquier modo hecha antes de llegar a la materia. Son curiosas estas conmixtiones estetológicas entre la vanguardia y el pensamiento crociano; lo que es decir, entre la vanguardia y una de las estéticas menos dispuestas a comprenderla. Pero regresemos más estrechamente al argumento. Bien. Nada de escándalos, entonces. Las obras de arte son arte porque se trata de obras (no importa si encontradas simplemente o confeccionadas *ad hoc*) que alguna cultura ha diputado (delegado) para funcionar como tales, como arte, precisamente. No más.

En este mundo físico nuestro, nuestras ideas (y asúmase el término en toda su complejidad semántica, sin excluir la etimológica) no pueden vivir entre nosotros si no se deciden a tomar un cuerpo. Y entonces las obras son los cuerpos en los cuales las diversas concepciones del arte (y con estas las diversas concepciones del mundo) se encarnan para vivir y hacerse ver, escuchar, etc. Sus "correlativos objetivos", se podría decir, en los términos de un famoso poeta del siglo xx. Por esto y solo por esto, por esta disposición simbólica bajo el aspecto del arte orgánicamente ligado (tiene razón Gombrich) a alguna cultura de este mundo nuestro, las obras de arte son arte. No absolutamente por otra cosa. Y, nótese, esto no vale solo para el arte conceptual o de vanguardia en sentido amplio, sino para todo tipo de arte. En el llamado arte conceptual simplemente aflora una verdad epistémica sobre el constituirse del arte que, en otro arte, permanece escondida, pero no por ello ausente. Piénsese en las grandes obras maestras de nuestra historia del arte (del siglo xiv, del siglo xv, etc.). Son tales, precisamente, para nosotros, para nuestra cultura y por nuestra cultura hasta que, en esta, no solo durará la necesidad de arte que las ha producido (de la poética que las ha procurado), sino también tendrá algún valor "moral" el recuerdo y la conservación del pasado. Para una cultura diversa, en cambio, para una cultura diversamente estructurada (para diversos postulados, en suma, religiosos, filosóficos, morales, etc.) podrían valer menos que nada, no ser intercambiables ni siquiera por un pedazo de botella.

                                    Luciano Nanni

Todas estas cosas se saben, pero no hace mal, de vez en cuando, reiterarlas por el bien de cualquiera que se ocupe de arte. Y entonces bien vengan las consideraciones en esta línea por parte de Gombrich. Pero de ahí a concluir que del arte no se puede hacer ciencia hay un gran abismo. Más bien me parece incongruente, por no decir errado, o al menos fruto de un descuido. Esto porque, si lo que se ha dicho hasta ahora es cierto, esto ya es ciencia, esto es ya hacer ciencia del arte.

Para poder ver, de hecho, cuanto hasta aquí se ha afirmado, es necesario, en primer lugar, salir de la propia y parcial poética y asumir un ojo panorámico capaz de describir la pluralidad y la diversidad de las concepciones del arte y del mundo que presiden el constituirse del arte mismo; en segundo lugar, salvaguardar esta descripción de toda tendencia que inmiscuya gestos normativos o éticos (como en general me gusta llamar), dirigidos a modificar lo que se está describiendo; y en tercer lugar, presuponer que la descripción misma sea siempre controlable intersubjetivamente, en pleno desinterés de los individuos por las propias cuestiones privadas y personales. ¿Qué es hacer ciencia si no esto? Y en todos los campos, ya sean de las ciencias del hombre como de la naturaleza.

Lo sabían bien, por ejemplo, Saussure, por un lado, y Heisenberg, por el otro. Saussure cuando afirmaba:

La ciencia que se ha formado en torno a los hechos de la lengua ha pasado por tres fases sucesivas antes de reconocer cuál es su verdadero y único objeto. Se comenzó haciendo lo que se llamaba la "gramática". Este estudio, inaugurado por los griegos y continuado principalmente por los franceses, está fundado sobre la lógica y carece de toda visión científica y desinteresada respecto a la lengua misma; este se preocupa únicamente en proporcionar reglas para distinguir las formas correctas de las formas no correctas: es una disciplina normativa muy alejada de la observación pura y su punto de vista es necesariamente restringido (1962: 9).

Saussure se refiere a la lingüística, pero implícitamente define los caracteres de la ciencia en general, de toda posible ciencia y por lo tanto también de aquella posible en torno a los hechos del arte. Y sus rasgos correctos son precisamente aquellos de no-normatividad, observación, descripción desinteresada de los hechos que hemos individuado en la argumentación de Gombrich, esa argumentación que Gombrich mismo, hemos visto, considera por lo demás no científica.

Heisenberg, por su parte, lo reitera después de haber reconocido que "no es posible hablar del comportamiento de una partícula independientemente del proceso de observación" (y haber por tanto ligado la identidad de la partícula, como Gombrich la identidad de la obra de arte, al moverse histórico de la capacidad de "contacto" de nuestros instrumentos), cuando, repito, no renuncia, al contrario de cuanto hace Gombrich, a hacer ciencia (a hacer de la física una ciencia), pero propone como características científicas también de la física precisamente aquellos gestos mentales necesarios para darnos correctamente cuenta de nuestros condicionamientos. Gestos mentales que son exactamente aquellos indicados por Saussure. Afirma Heisenberg:

> Si se puede hablar de una imagen de la naturaleza propia de la ciencia exacta de nuestro tiempo, no se trata entonces ya propiamente de una imagen de la naturaleza, sino de una imagen de nuestra relación con la naturaleza (1955: 54).

Con lo que estamos, también aquí, en la idea de ciencia como descripción, pero no de cosas en sí, absolutamente entendidas, sino de relaciones: como descripción desinteresada, en suma, de relaciones (¡he aquí el punto!) más que interesadas. No ya ciencia presuponiendo la distinción imposible interno-externo (sujeto-mundo), sino ciencia presuponiendo la distinción posible interno-interno; la distinción, en suma, entre dos niveles ambos internos en el sujeto, y en síntesis entre dos puntos de vista: aquel ético-normativo que define para sí (por sus gustos, sus convicciones, su visión del mundo) la realidad (en Saussure es la lengua la que tiene este rol) y aquel científico que observa y describe estas mismas definiciones, en sí y en sus lógicas genéticas y de funcionamiento (en Saussure tal rol es desarrollado por la lingüística, en Heisenberg por el nivel analítico de la física). Distinción a estas alturas practicada como sensata en cada ramo del saber, excepto (¡mira nada más!) en lo estetológico, en el ramo de la ciencia, en suma, del arte. Esto entendido de manera general, ya que en un ámbito más restringido algunos filósofos ya se han dado cuenta y no precisamente hace poco. Lo subrayaba ya, en su tiempo (aunque a decir verdad no hace muchos años) el añorado Giorgio Prodi, cuando constataba:

> El argumento es muy elusivo: el tratamiento de la estética representa en la cultura el más heterogéneo embrollo de proposiciones recogidas bajo un mismo nombre. El rol del observador está mezclado con el hecho observable, a diferencia de cuanto sucede con otros tipos de "toma de contacto" con la realidad: tanto que se ha vuelto regla el confundir a quien habla de estética con quien produce estética; como si los teóricos del problema estuvieran contagiados por los modos lingüísticos de quien lo desarrolla experimentalmente, es decir, de quien construye la obra de arte (Prodi, 1983: 9).

Y así con otros ejemplos. En la más correcta, a mi parecer, reflexión sobre la vida del arte del siglo xx circulan ahora dos términos en pareja, "poética" y "estética"; el primero para indicar precisamente aquello que Prodi indicaba como "punto de vista productivo del arte"; y el otro, por el contrario, para indicar el punto de vista de quien la asume cognitivamente (científicamente) para estudiarla. Bien, si se quiere hacer ciencia correcta del arte no hay que confundirlos. Y al no confundirlos se puede hacer ciencia; se puede hacer lo que a Gombrich parecería imposible y con el mismo grado de certeza de cualquier otra ciencia, sea del hombre como de la naturaleza. Ciencia, ya sea en sentido diacrónico como sincrónico. Se puede, en suma, más que legítimamente pensar también en una historia científica del arte. Repito, con tal de que pretenda ser ciencia de acuerdo con estos modos críticamente considerados correctos. Claro, si con "ciencia" se quiere decir tácitamente otra cosa respecto a lo que normalmente se entiende con tal término (pero no me parece que Gombrich pretenda decir algo diverso, tanto así que parece entrar en crisis precisamente con uno de los postulados de este modo general de entender la ciencia, es decir, aquel de la "prueba"), entonces no digo nada. Pero si con ciencia se pretende decir cuanto se ha dicho, pues bien, entonces repito: una ciencia del arte no parece en línea de principio imposible. Luego, por supuesto, hay que hacerla, y nadie ha dicho que sea fácil, sino que en línea de principio la cosa no se presenta imposible.

Antes que todo, porque aquello que a Gombrich le parece el mayor obstáculo de su necesidad de "prueba", es decir, la supuesta "trascendencia" del valor de nuestras obras maestras de arte, con base en cuanto se ha dicho se disolvería como nieve al sol, y además porque aquella "obviedad" de experiencia suya, que debería confirmarlo en lo que piensa más allá de toda prueba, se revelaría en cambio como efecto del gesto ideológico que indebidamente lo lleva a pensar precisamente lo que piensa. La supuesta "trascendencia" se disolvería, revelándose de inmediato como una evidente ilusión trascendental (pienso en Kant, naturalmente); es decir, como una indebida trasferencia de valores históricamente constituidos (frutos entonces de poéticas) a valores del arte en sí, y su "obviedad", después, como

                                        Luciano Nanni

indebida consolidación natural (ideologización) de esta misma trasferencia. Es como decir: con base en una bien determinada y parcial situación histórica se decide qué cosa, en esa situación, debe valer como arte, después se decide que no se ha definido un modo de arte entre los tantos posibles, sino propiamente la esencia del arte en sí, y como consecuencia se encuentra "obvio" que, lo que por este camino hemos hecho convertir en "trascendente" y ahistórico, parezca trascendente. Pero si es verdad que la ciencia tiende a llevar a la "obviedad" las "paradojas", a la normalidad la experiencia anómala, es también cierto que no es, sin embargo, ciencia si no se empeña además en la operación inversa, es decir, en la deconstrucción continua de lo "obvio" y de su aparente "naturalidad", hasta poner en evidencia (en la conciencia) la realidad de constructo histórico. Realidad escondida por el tiempo y la costumbre. A veces es necesario trabajar en el primer sentido, a veces en el segundo. En el caso de la historia del arte parece prevalecer el segundo.

Vista la ideología escondida en la "obviedad" de la "trascendencia" y vista en la "trascendencia" la "historia", no queda más que hacer historia de esta historia, de este valer de las obras siempre y solo en relación con las culturas que en cuanto tales las generan o las asumen. Y aquí las pruebas se pueden encontrar y son documentables. No historia de objetos absolutos, entonces, sino historia (y esta sí absoluta, en línea de principio) de relaciones artísticas (estéticas) entre objetos y culturas (poéticas, incluso de épocas, claro) que en ellos bajo cierto particular aspecto artístico se encarnan. No otra cosa. Y entonces historia también de valores, pero precisamente relativos (en la etimología, "valor" se puede homologar con "valencia", y por lo tanto con relación), nunca absolutos.

En línea de principio es algo que se puede hacer.

No existen obstáculos teóricos. Historia de "saberes", habría dicho Foucault. Pues esto debemos hacer, a mi parecer, también en el campo del arte, si queremos intentar una historia del arte en cuanto tal, una historia, en síntesis, de las modalidades de relación artística entre las cosas (los comportamientos) y las culturas en las cuales tal relación se ha constituido. Ha sido posible, para Foucault, para la "locura", para la "clínica", etc. ¿Por qué no debería ser posible también para el arte (la fenomenología del arte)? Por lo demás, no es que no se haya ya intentado. Todas las historias de las poéticas se mueven en tal sentido. Se mueven solo en tal sentido, porque rigurosamente sobre las poéticas colectivas en sentido estricto me parece que queda todavía mucho por hacer. A menudo aquellas que existen se resuelven en sumas cuantitativas de poéticas individuales (y la suma debería, en cambio, ser lógica) o en la indebida extensión al nivel de poética colectiva de algunas poéticas individuales emergentes. En todo caso, se puede. Se puede intentar. Todo el resto es solo confusión, o incluso abandonos de fábula de "uva verde", autogratificados y del todo consolatorios en su (nuestra) impotencia.

Neovanguardia italiana y epistemología: Anceschi, pensador europeo

Preliminares

Existe un problema historiográfico que mi relación debe dar por resuelto: ¿qué debemos entender con la etiqueta neovanguardia italiana de los años sesenta? ¿Cuál es su inicio? ¿Cuál y cuándo es su final? ¿Cuáles autores formaron parte de ella? Etc., etc. Son cuestiones que debo presuponer resueltas, ya que el objetivo de esta relación mía es diverso. Si me ocupara ahora directamente de las cuestiones enlistadas no me ocuparía de lo que es mi intención tratar, sino de otra cosa. ¿Cuál es entonces el modo para no ocuparme de la cuestión y al mismo tiempo dar a mi presuposición un mínimo de sentido? Creo que un camino puede darse, capaz de conciliar cabras y coles: asumir las respuestas que a las anteriores cuestiones ha dado, desde su interior, la neovanguardia misma. La neovanguardia italiana se ha ya antologizado a sí misma de acuerdo con lo que pretendía ser. Lo ha hecho, por ejemplo, con un libro intitulado *Grupo 63: teoría y crítica* (Barilli y Guglielmi, 1976). En tal libro, a través de dos de sus más significativos protagonistas, traza descubiertamente los propios confines teóricos e históricos, enumerando obras y autores. La neovanguardia ha producido sucesivamente otras publicaciones sobre sí misma, y de no poco valor –pienso, por ejemplo, en el reciente libro, *La neovanguardia italiana: del nacimiento del "Verri" al final de "Quince"*, también de Renato Barilli (1995)–, pero cuanto quiero decir está ya del todo delineado, si bien con simples reenvíos e indicaciones a veces muy crípticas, en la antología mencionada. Los documentos indispensables están ya todos ahí, y entre ellos, central, como también el último Barilli subraya, es el texto *Discurso general*, con el cual Anceschi abría, en 1956, el largo camino de la revista *El Verri*. Texto en el cual, mientras él descubiertamente ponía la voluntad de atención en los aspectos más culturalmente avanzados que tenían lugar en Europa y en el mundo (pero en este caso es Europa la que nos interesa), ponía también a la ciencia, la reflexión sobre la ciencia, entre estos necesarios objetivos de actualización. Después de tanta autarquía y pocas y esporádicas aperturas, la apertura debió perseguirse ya no como una elección opcional, sino como una necesidad vital. Apertura obviamente en dos aspectos: un histórico y otro teórico. Del histórico, en el cual obviamente la apertura a la reflexión sobre la ciencia no puede sino hacer sistema con cualquier otra apertura a lo nuevo, ya sea individuado en la filosofía, en la psicología, en el psicoanálisis o en la nueva poesía, en la nueva novela, etc., aquí no referiré. De esto se han ocupado, sobre todo y por lo demás, sus historiadores internos y externos; además de que los textos originales, los fascículos del *Verri*, los monográficos antes que todo, y toda la divulgación de apoyo (¿cómo olvidar, en este ámbito, aquel registro de nuestros retrasos que es la *Gita a Chiasso*, de Alberto Arbasino?) están ahí, a disposición de cualquiera que desee verlos.

Me ocuparé, en cambio, del aspecto teórico, pero sería mejor decir, vistas las modalidades y los niveles con los cuales y en el cual pretendo afrontarlo, teorético, del cual nadie, que yo sepa, se ha todavía ocupado seriamente. Agradecido con Barilli por haberme preparado magistralmente el terreno en las cuarenta-cincuenta páginas del libro sobre la neovanguardia indicado, de-

dicadas al debate teórico interior a ella, intentaré recoger todos aquellos diversos gestos que él, recurriendo a
términos ya clásicos, llama "de razón pura", para des-
tilar de ellos un modelo teorético unitario totalmente
isomorfo, veremos, con aquel con el cual la ciencia del
siglo xx, en plena autorreconstrucción antipositivista y
antidogmática en general, ha llegado a identificarse.

Partiendo de una solicitud del epistemólogo y científico, además de irónico y agradable narrador, Giorgio
Prodi, lamentablemente fallecido de reciente, afrontaré
la cuestión invirtiendo la óptica con la cual he partido.
Veré, primero, cómo Europa, en aquellos representantes
suyos que yo juzgo más significativos al respecto (Saussure, Carnap, Russell, Heisenberg, etc.) llega a elaborar
una concepción de la ciencia que ella considera correcta, y, más aún, de acuerdo con un modelo crítico único
de comprensión, sin más distinción posible entre ciencias de la naturaleza y ciencias del hombre o humanas,
como se quiera decir; y luego cómo la neovanguardia
italiana, no importando si declaradamente o no, si por
vía interna de la ciencia misma o externa, se encuentra con esta perfectamente en línea. En la figura de su
reconocido padre, primero, y garante, después, Luciano Anceschi, con constancia y rigor, aun cuando, queriendo todavía dar algún sentido a la distinción, no por
vía, en él, estrictamente epistemológica, sino filosófica
(como sabemos, él viene de Banfi, y a través de Banfi, de
Simmel y sobre todo Husserl) y paradójicamente a partir
justo de una insistente y apriorística desconfianza suya
hacia la ciencia que él, tal vez, no podía concebir en línea de principio libre de dogmatismos, como si la caída
metafísica no fuese en ella incidente, sino estructura.
Prejuicio, por lo demás, bastante difundido, por no decir facilón, entre los filósofos y, digamos, los humanistas, o tal vez mejor, entre los filósofos humanistas. Pero
quizás es el término "filosofía" que en su genericidad y

a estas alturas equivocidad, portador más de estereotipos que de conocimientos, se debería quitar de en medio. Un término sombrilla en estos tiempos, bajo el cual está todo y lo contrario de todo. En otros, en cambio, y regresamos a las figuras de nuestra neovanguardia, por modos menos coherentes, cuando no incluso, y pienso por ejemplo en Umberto Eco, contradictorios. Pero leamos a Prodi.

Un recuerdo como huella a seguir

Escribía Giorgio Prodi en un libro suyo que, en torno a los años ochenta, tuvo la bondad de dejarme leer en original, pidiéndome también un parecer al respecto:

> El argumento es muy elusivo: el tratamiento de la estética representa en la cultura el más heterogéneo embrollo de proposiciones recogidas bajo un mismo nombre. El rol del observador está mezclado con el hecho observable, a diferencia de cuanto sucede con otros tipos de "toma de contacto" con la realidad: tanto que se ha vuelto regla el confundir a quien habla de estética con quien produce estética; como si los teóricos del problema estuvieran contagiados por los modos lingüísticos de quien lo desarrolla experimentalmente, es decir, de quien construye la obra de arte (Prodi, 1983: 9).

Manifesté entonces y manifiesto ahora, sobre esta afirmación, un consenso y un disenso. El consenso se refiere a la idea crítica de ciencia que en esta emerge y que encuentro la misma que aquella presente en toda la cultura epistemológica europea que me parece más correcta. El disenso se refiere a su confrontación con el estado epistémico de la estética. Pero vayamos con orden.

Luciano Nanni

Consenso sobre la idea de ciencia y su dimensión europea

¿Cuál es entonces la idea de ciencia que emerge de las palabras de Prodi? ¿Cuáles son sus postulados y su estructura metodológica? Pues bien, antes que todo, la distinción en el interior de la cultura de dos diversas prácticas, de dos funciones de la cultura misma y la identificación de la ciencia con una y no con la otra. Una práctica primaria, digamos así, sintética, dirigida a cultivar (aquí el término cultura se remonta a su etimología) el mundo en modo productivo, determinándolo siempre en relación con algún punto de vista; en nuestro caso, el punto de vista del artista que produce la obra. Práctica que podríamos amplia y técnicamente llamar *ética* (otra vez de acuerdo con la etimología del término), porque está del todo dirigida a producir objetos y/o comportamientos, y en breve, modificaciones del mundo, y que, con la ciencia, críticamente entendida, no tiene nada que ver. Luego otra práctica, diversa, de esta separada y por lo tanto del todo analítica, secundaria, ya que puede existir solamente en sucesión de las prácticas primarias y sintéticas, que podríamos llamar *epistémica* (no se olvide que en su etimología "epistémico" significa *lugar encima*, precisamente secundario) y que Prodi hace coincidir con la ciencia *tout court*. Sus postulados de fondo: primero, el rechazo de la confusión entre el sujeto ético (quien produce la obra) y el sujeto epistémico (quien estudia su identidad), y por lo tanto la opción hacia la descripción (la descripción implica siempre un ojo externo a cuanto es descrito); y, en segundo lugar, la limitación crítica, se podría propiamente decir con Kant, de la descripción misma y de sus pretensiones: la descripción no puede ya pensar en ejercitarse directamente sobre las cosas, fuera de todo condicionamiento (mito del positivismo cientista), sino solamente sobre las identidades que estas llegan a tener en el interior de las relaciones ("tomas de contacto con lo real", dice Prodi) primarias, que nosotros cultivamos, viviendo, con ellas. Podemos, sí, comprender descriptivamente (llevar verticalmente a nuestra conciencia) algo, pero este algo debe ya haber sido tomado con nosotros (comprendido también, entonces, pero aquí de forma horizontal) de acuerdo con nuestras necesidades y, por lo tanto, si bien inconscientemente, ya en nosotros, ya definido e interno en nuestro patrimonio cultural. Si el rumiar puede ser sinónimo de análisis, entonces se podría decir que podemos analizar solo lo que ya hemos comido, y que ciencia es solo el rumiar, no el comer. Aun cuando es solo la práctica del comer y solo aquella (aquella función primaria y ética de la cultura de la cual se ha hablado) la que puede confeccionar, digamos así, cuanto legítimamente la ciencia puede permitirse analizar, y por lo tanto permitir a la ciencia de ser ciencia *tout court*. Todo salto, toda hipótesis o conjetura sobre lo extracultural, está concedido a la ciencia (¡faltaría más!), pero esta puede afirmarlo solo en pos de concretos fenómenos que en el interior de la cultura permitan afirmarlo. En línea de principio, se entiende, ya que en línea de facto los errores y las traiciones son siempre posibles. Por lo demás, es solo en línea de principio que aquí se dice todo lo que se dice. Viene a la mente Wittgenstein ("de aquello de lo cual no se puede hablar se debe callar") y estamos, precisamente, y me parece por una vía no secundaria, en Europa. Extensión que quisiera ejemplificar por modelos; si se me concede, por cabezas de serie: Saussure, por las ciencias humanas, y Heisenberg, no solo por las ciencias de la naturaleza, sino también como testimonio de la unidad de toda la ciencia.

Afirma Saussure en la apertura de su *Curso de lingüística general*:

La ciencia que se ha formado en torno a los hechos de la lengua
ha pasado por tres fases sucesivas antes de reconocer cuál es su
verdadero y único objeto. Se comenzó haciendo lo que se llamaba la "gramática". Este estudio, inaugurado por los griegos
y continuado principalmente por los franceses, está fundado
sobre la lógica y carece de toda visión científica y desinteresada respecto a la lengua misma; este se preocupa únicamente en
proporcionar reglas para distinguir las formas correctas de las
formas no correctas: es una disciplina normativa muy alejada
de la observación pura y su punto de vista es necesariamente
restringido (1962: 9).

La lingüística no puede devenir correctamente
ciencia hasta que no llega al desinterés por su objeto
de estudio. Interés, según la etimología, viene de *in-
teresse*: ser dentro; y entonces desinterés: rechazo del
ser dentro. Estamos en el modelo Prodi: una práctica
primaria, la lengua, que constituye aquellas entidades
que después la lingüística, como práctica secundaria
(si la lengua es pensable sin una lingüística –tantos
hombres han prescindido y prescinden tranquilamente de ella– no es, de hecho, verdad lo contrario), debe
puramente observar y describir, comprobando circularmente en la lengua misma toda afirmación suya. Es
la lengua la que es normativa, no la lingüística, y si la
lingüística se vuelve normativa termina por confundirse con la lengua misma, perdiéndose como ciencia.
Es el mismo modelo que Heisenberg nos hace ver activo en la física: la física, nos dice, no pretende describir
(no describe) el electrón en sí, sino la imagen que del
electrón nos dan sus instrumentos (Heisenberg, 1955).
Aquí la homología parece tal vez un poco difícil de
captar debido a un engaño, digamos así, de superficie.
Aquí tenemos solo una práctica, la física, precisamente, al contrario de las dos, lengua y lingüística, como se
ha dicho, dentro del sector considerado de las ciencias
humanas. Pero basta recordar que aquí se está hablando de funciones, no de cosas; y distinguir por ende

los sujetos funcionales del sujeto empírico que puede activarlos, y todo se vuelve claro. A la función ética desarrollada por la lengua corresponde, en este caso en cuestión, la función sintética, ética, precisamente, desarrollada por la física-considerada-en-el-nivel-de-sus-instrumentos; a la función epistémica (científica), desarrollada por la lingüística, corresponde la física-considerada-solo-en-su-nivel-analítico, en el nivel en el cual toma conciencia de cuanto sus instrumentos determinan, y solo en este. Si no fuese así, ¿por qué los manuales de física no deberían registrar lo que Pons y Fleischmann han hecho en torno a la fusión fría como un descubrimiento científico? Algo produjeron sus instrumentos en el laboratorio; se dio, después de todo, la producción de una cantidad de energía mayor de la consumada. Y bien, no registrando este hecho como un descubrimiento científico, la física, a través de sus manuales, nos dice precisamente lo que aquí yo también estoy diciendo: en el nivel de sus instrumentos esta todavía no es ciencia, sino una práctica ética, manipulativa del mundo, a la par de las infinitas otras que caracterizan nuestra vida: esta se vuelve ciencia solo cuando consigue recuperar estas producciones suyas, estos constructos suyos, y rumiarlos –continuaré con la imagen ya usada– analíticamente hasta encontrar en ellos la regla. Regla que solo sobre la base de estos mismos constructos es pretendida y afirmada. No respecto a otra cosa. Es el modelo de la teoría de los tipos en Russell (cuidado con confundir los niveles; cada nivel encuentra en aquel inmediatamente inferior su base de afirmabilidad); es el modelo, si bien todavía con algún residuo de metafísica, de la inevitable *anticipatio mentis* de Popper y de la reducción de la afirmabilidad científica a todo cuanto esta inevitabilidad concede decir. Y tal vez, en modelos individuados, se podrían seguir teniendo, en este siglo xx nuestro, confirmaciones en abundancia. No creo que sea necesario. Se necesita, más bien, según creo, subrayar que con tal modelo la ciencia regresa puramente a sus orígenes: a Galileo. Recuérdese su carta a Welser: "el intentar la esencia tengo yo por empresa, no menos imposible y por fatiga no menos vana tanto en las cercanas sustancias elementales como en las remotísimas y celestes...". Y así, por lo demás. Solo de las "afecciones" que a esas (a las cosas) nos ligan, de nuestras relaciones precisamente con estas, podemos no "desesperar" por encontrar alguna noticia, por tener alguna ciencia. El resto está en la mente de Dios. Así Galileo y así el siglo xx que correctamente, según yo, lo haya reencontrado.

Postulado del análisis es que ya exista algo constituido para poder precisamente analizar. La ciencia no puede constituir lo que analiza; si constituye es vida, no ciencia, no reflexión sobre la vida. Si los hermenéuticos reflexionaran un poco más y un poco mejor acerca de este modelo propio de la ciencia de nuestro tiempo, no la emprenderían tanto (pienso, para nosotros, en Vattimo en particular) contra la epistemología. La apertura previa –la afirmación es siempre de Vattimo– que estos ponen como base, en gran medida no consciente, de toda nuestra conciencia acerca del mundo, más que de la hermenéutica es postulado de la epistemología y de toda correcta ciencia que la realice. Y, por lo demás, la hermenéutica misma analiza. Si así no fuese, ¿cómo podría hacer de la "diferencia ontológica" su propia fuerza? Un ojo totalmente encerrado en el ente no podría aprehenderla. Si la aprehende está ya afuera del ente, y basta esto para abrir la puerta a la descripción y al análisis. Vanas son también otras oposiciones. Vana la oposición que pretendería la descripción en línea de principio imposible, porque estaría ya describiendo: en este caso concreto, estaría describiendo "la imposibilidad misma de la descripción". Vana la contraposición a la descripción de la explicación: la explicación no sería otra cosa que la descripción precisamente de un nivel de realidad más profundo. Saussure describe la *parole* de superficie, pero también la *langue* como condición y explicación de cuanto en la superficie se manifiesta. Y vana, finalmente, la perplejidad acerca de la practicabilidad del ojo inocente postulado por la descripción. Inocente significa etimológicamente ojo que no daña, que no toca en ningún modo lo que describe. Siempre en línea de principio, se entiende. Vana, porque tendría todo el sabor contradictorio de la inconciencia. El ojo inocente no es una invención de la ciencia, es una invención de nuestra cultura en general, ya que nosotros cotidianamente lo practicamos como sensato. ¿No decimos, a veces, sin ninguna duda de decir algo sensato, "Me gustaría ser diferente, pero así soy", o bien, "¡Qué te puedo decir! Yo soy de gustos difíciles", o también "No. Ciertas cosas no son para mí", y otras expresiones por el estilo? ¿Y cómo puede ser presupuesto, este ojo nuestro capaz de decirnos exactamente cómo somos, si no inocente? Otra vez tenía razón Prodi: la ciencia no es diversa de nuestra conciencia cotidiana, solo depura en ella los mecanismos. Lo que es como decir que la ciencia no presupone como ya constituidos solamente los datos de los cuales se ocupa, sino también sus constituyentes formales, que es como decir ella misma. Podemos, en pocas palabras, practicar la ciencia porque a la ciencia, si bien inconscientemente, nuestra historia (cultura) occidental ya da sentido. No por otra cosa.

Consenso, entonces, sobre esto, con Prodi y en sintonía con la más advertida epistemología europea. ¿Y el disenso? ¿En qué consiste el disenso que se ha anticipado? Ya se ha dicho que se encuentra en la lectura del actual estado de la estética. Pero también aquí vayamos con orden.

                                      Luciano Nanni

¿Precisión? Para ser honesto, debería decir consenso-disenso. Estoy de acuerdo con Prodi. La estética representa "nuestra toma de contacto con lo real" más lejana de la ciencia, de la ciencia tal y como se ha creído aquí correctamente delinear. Estoy de acuerdo con Prodi, pero lo dije entonces y lo reitero ahora, no en absoluto, sino hasta Banfi y Anceschi. Osaría incluso decir hasta Anceschi. En Anceschi la fenomenología se depura ulteriormente de filosofía, orientándose siempre más hacia una pura metodología de la investigación, incluso empírica, y por ende justo hacia la ciencia. Por lo demás, no debe maravillarnos que esto pueda, en la fenomenología, suceder. No se olvide que una de las aspiraciones fundamentales de Husserl fue siempre la de llegar a construir una filosofía como ciencia rigurosa. Desde este punto de vista, con un término tomado en préstamo de Goldmann y afín a Barilli, se podría decir que entre la lingüística saussuriana y la estética anceschiana se da una perfecta homología. Como la lingüística en tiempos de Saussure, también la estética como ciencia, en tiempos de Anceschi, se puede decir que no había nacido todavía. Lo había intentado varias veces, sobre todo a partir del nacimiento del término hacia la mitad del siglo xviii, pero había siempre terminado por convertirse implícita o explícitamente, como la gramática de la cual habla Saussure, en una disciplina normativa que, con la ciencia correctamente entendida, se ha visto, muy poco puede tener que ver. Destino al cual no escapó ni siquiera el mismo Baumgarten y su intencionada meta-poética, lamentablemente tan impregnada de parcialidad; parcialidad noble, parcialidad clásica, pero siempre parcialidad.

Y bien, desde este punto de vista, repito, tengo realmente la sensación de que Luciano Anceschi puede ser nombrado el Saussure de la estética. Cierto, todavía con auroralidad y nebulosidades periféricas aquí y allá –no olvidemos su dificultad para admitir trabajar directamente dentro de la ciencia–; pero en ningún otro estetólogo he encontrado una similar seguridad en la decisión de querer llevar hasta el fondo la distinción pretendida en paralelo por Prodi, entre el punto de vista de quien produce el arte y el punto de vista de quien indaga sobre este como dominio teórico y legalidad. La distinción, no olvidemos, capaz de hacer dar a la estética el salto de calidad hacia la ciencia.

He tenido ocasión de decir en otra sede (Nanni, 1994) que cuando, en el curso de mis estudios, me iba poco a poco encontrando con los epistemólogos citados, advertí de inmediato en ellos, como habría dicho Wittgenstein, un aire de familiaridad; como si, en suma, su modo de afrontar los problemas me hubiese sido congenial desde siempre. En realidad, no se trataba de una congenialidad natural, sino construida, y construida en mí precisamente por el magisterio de Anceschi, de quien había sido alumno antes y colaborador, si bien un poco distanciado, después. En su pensamiento están todos los postulados y las distinciones, con una atención insistente y siempre convencida, que son considerados, ya hemos visto, por la más avanzada epistemología crítica europea como necesarios para hacer de una práctica teórica una ciencia. Adopta incluso dos términos con la finalidad de que la distinción indicada entre pensamiento dirigido a producir experimentalmente las obras y pensamiento dirigido científicamente a tomar de ellas conciencia, permanezca insuperada e insuperable: llama *poética* a uno y *estética*, finalmente y nada más, al otro. A la poética, a las poéticas, la tarea primaria, sintética (ética) de producir modificaciones del estado material del mundo (obras de arte). A la estética la tarea, y finalmente solo esa, de comprender y describir en sus varios niveles todo esto, en su hacerse y deshacerse histórico-cultural, como también Barilli evidencia en el ya citado capítulo de su último libro dedicado al rostro teórico del Grupo 63. Estamos de nuevo en nuestra neovanguardia. Ahora, después de haber visto este modelo científico en Anceschi, no queda otra cosa que –según nuestro propósito–, ver brevemente cómo está presente y permanece, si permanece, en el interior del grupo en general.

Modelo anceschiano y Grupo 63

También aquí procedería distinguiendo un aspecto teórico de uno práctico, y, dentro del aspecto teórico distinguiría entre los paraalumnos, digamos así, (aquellos, en suma, que aun formando constitutivamente parte de aquel grupo de vanguardia no habían sido alumnos directos de Anceschi en su magisterio universitario boloñés) y los propiamente alumnos.

Entre los paraalumnos resaltan, antes que todo, los nombres de Umberto Eco, primero, y de Guido Guglielmi, después. El modelo referido está presente en ambos, a mi parecer, de modo contradictorio. Bien, en el Eco teórico del modelo de la enciclopedia contra el del diccionario, ya que es consciente del continuo replanteamiento histórico de los sistemas culturales y de sus "verdades" ante la figura de un ojo que, debiéndose percatar de esto, no puede sino pensarse imparcial y vacío, precisamente científico. Mal, en el Eco que hace de la teoría de Jakobson, en la parte 3.7 de su *Tratado de semiótica general* (1975), el modelo explicativo (descriptivo) de la literariedad y de la artisticidad en general. Veamos. La poesía (el arte) sería función para Jakobson de textos construidos de acuerdo con la regla de la transferencia del principio de equivalencia del eje de la selección al eje de la combinación. Ahora bien, sometamos, por ejemplo, esta teoría de Jakobson al control del pensamiento operativo de Bridgman. Intentemos, en suma, producir textos verbales con base en esta teoría. Tendremos textos similares a los de Mallarmé, a los de Hopkins, a los de algún futurista, a los de algún surrealista (por lo demás, son de estas áreas los poetas que Jakobson más a menudo cita). No "A Cesena", de Marino Moretti (texto totalmente plano y discursivo), mucho más parecido a *I like Ike* (una, para Jakobson, no poesía) que a una poesía; pero tampoco "El sábado de la aldea" o, qué sé yo, la *Divina commedia*. Con venia de una más exhaustiva comprensión. Estamos, con Jakobson, de nuevo ante una gramática normativa, en la medida en la cual su poética (su estética, ya que para él la poética pretende ser ciencia) hace, digamos así, de la poética, en sentido anceschiano esta vez, simbolista-futurista una regla atemporal del arte. Pero en Eco tal vez esta caída dogmática se anunciaba como destino, si es cierto que ya en 1959, en el escrito "La obra en movimiento y la conciencia de la época", distinguía sí entre poética y estética en sentido anceschiano, pero luego no quitaba a la estética la tarea de tender metafísicamente "a reencontrar, aun en el mutar histórico de los gustos y de las actitudes respecto al arte, una constante de estructuras fundamentales de los comportamientos humanos". Y también aquí, excavando, se descubre, detrás, a un maestro, bueno, abierto, dúctil cuanto se quiera, pero con la metafísica relacionado estrechamente: Luigi Pareyson. Sin querer con esto invertir estereotipos y hacer recaer las culpas de los hijos sobre los padres.

En cuanto a Guido Guglielmi, es perspicaz cuando precisa, por ejemplo, que no es el análisis lingüístico el que hace de una poesía una poesía, sino que es porque ya consideramos un texto, con base en alguna poética, poesía, que luego podemos permitirnos hacer un aná-

                                                    Luciano Nanni

lisis lingüístico en él; bien cuando dice que lo que diferencia los textos no es su forma, sino la temporalidad: la misma forma en tiempos diversos, en historias diversas, da origen a textos diversos. Mal cuando se olvida de esto, con gestos vagamente estructuralistas.

No quedaría otra cosa que dar una mirada a los alumnos. En general, los alumnos de Anceschi desde este punto de vista no se han hecho problemas; no han, en suma, vuelto a rumiar el modelo. Recurriendo a una famosa distinción de Kuhn, podría decir que han llevado a cabo un trabajo de refinamiento, de microanálisis, de microdeductividad, ya en una zona del modelo, ya en otra, típico de un momento de ciencia normal y no de ciencia extraordinaria. Con una excepción: Renato Barilli. Barilli ha alargado, por homologías, diría él –ya hemos visto–, el dominio del modelo, encontrándolo presente, por ejemplo, en Jan Mukarovsky. Curiosa la fortuna de Mukarovsky en Italia e iluminante respecto a lo que estoy diciendo. Como sabemos, era, entre los fundadores de la Escuela de Praga, el experto de los signos en general; el semiólogo, en suma. ¿Y qué hace Eco, semiólogo, ante la posibilidad de engancharse con un praguense? Lo ignora, optando por Jakobson, lingüista. Curioso e iluminante. Mukarovsky, de hecho (el buen Mukarovsky, crítico y problemático, porque también él tiene dentro una segunda alma jakobsoniana y dogmática que lo inquieta), no le habría permitido aquella conclusión atemporal a la cual, como se ha visto, desde su juventud aspiraba. Y esto explica también como el anceschiano Barilli lo elija, ignorando a Jakobson. En esta misma llave puede ser leído –si bien para algunos, no capaces de ir más allá de la apariencia, con alguna dificultad– el uso que Barilli fue sucesivamente haciendo del pensamiento de Marshall McLuhan. La opción por la descripción está siempre presente, aun implícita: ¿cómo darse cuenta, de hecho, de las diferencias entre épocas tecnológicas diversas sin ponerse en el exterior de una y de otra? Esta, sabemos, es la condición imprescindible de toda descripción. Los modelos tecnológicos que, con McLuhan, Barilli cree poder individuar como motores de nuestra historia cultural, no conciernen a este plano de la descripción, el cual se queda intencionalmente puro (que aspira en línea de principio –¿y cómo podría ser de otra manera?– a ver correctamente), sino al plano de los hechos indagados, de las cosas vistas, donde la crítica y el disenso son siempre posibles. ¡Faltaría más!

Hasta aquí lo relativo al uso teórico que del modelo hace, en su conjunto, el Grupo 63. Cierto, también otros tienen gran espesor teórico; Sanguinetti, por ejemplo, pero no orientado en tal sentido. Se podría decir, otra vez con Barilli, que está más orientado hacia motivos de razón práctica que de razón pura; más ético-políticos que epistemológicos. Operativamente, en el plano práctico, se puede decir, por el contrario, que el modelo ha tenido efectos, diría, benéficos para todos, ofreciéndoles, por una parte, las condiciones para afirmar con fuerza el sentido de la propia historia (donde todo es historia cada historia puede tener sus razones) y, además, aquellas para frenar la afirmación antes de saltar indebidamente sus confines. No siempre, se entiende, pero ¿dónde no hay una oveja negra?

Quisiera cerrar con una observación. Gianni Vattimo, llegando de Alemania a la convención que en Bolonia se había organizado en honor a Anceschi a un año de su muerte, dijo que había podido constatar que en Alemania* Anceschi como filósofo era desconocido. En Alemania es conocido –según Vattimo– como crítico literario, pero no como filósofo. Parece que es verdad, pero,

---

* Esta conversación es una de aquellas que el autor de este libro ha tenido en el extranjero, como se ha dicho, precisamente en la Universidad de Bochum, en Alemania.

                                        Luciano Nanni

debo decir, no por culpa de Alemania y tampoco de Europa. Anceschi nunca hizo mucho por hacer circular su nombre en el extranjero. Se sabe, por ejemplo, que al final de los años setenta, o al inicio, no recuerdo bien, Ernesto Grassi, uno de los últimos alumnos de Heidegger, había conseguido procurarle un contrato para un libro (lo habría traducido el mismo Grassi) con una casa editorial alemana; y se sabe también que Anceschi hizo lo posible por echar por tierra el proyecto. En una ocasión, enviando el contrato sin firmar. En otra, enviando la copia equivocada; luego, dejando expirar los términos, y otras cosas por el estilo.

Bien. Con esta relación no he querido tanto reivindicar como reiterar que, a mi parecer, en Europa Anceschi estaba presente y no precisamente de forma secundaria.

La obra de arte:
del signo al cosmos *tout court*

Anécdota de apertura

Corría el año de 1977 (finales de enero-inicios de febrero, me parece) y estaba por terminar el ciclo de conferencias organizado por Luciano Anceschi en la Academia Clementina de Bolonia sobre el tema *¿Por qué seguimos haciendo y enseñando arte?* El relator era, en este caso, Umberto Eco, quien en el curso de su conversación había terminado por parangonar la identidad de la obra de arte al cosmos de Einstein. Yo me sentía en desacuerdo y al final pedí intervenir. Se había hecho tarde; la Pinacoteca (ahí se desarrollaba el ciclo) debía cerrar y Anceschi me preguntó si estaba dispuesto a postergar para otra ocasión mi intervención. Yo acepté y la reunión terminó ahí. Bajando las escaleras se aproximó Eco y me preguntó: "¿qué querías decirme?". Yo le respondí que, ya que hablábamos de la obra de arte recurriendo a imágenes astronómicas, me parecía mucho más sensato parangonar la identidad de la obra de arte a la del cosmos *tout court* (directa y simplemente, en suma) que a la del cosmos-de-Einstein, que es ya un cosmos interpretado; no el cosmos entonces, sino un signo del cosmos. Eco me propuso escribir mis ideas en un ensayo y agregó que me habría respondido publicándolo en *Versus*, su conocida revista.

Yo me puse a trabajar, pero al llegar a las 30-40 páginas mecanografiadas (la longitud aproximada de un ensayo medio), me di cuenta de que no iba ni siquiera en la introducción de lo que quería decir. Continué entonces escribiendo en libertad sin preocuparme ya por los espacios de *Versus*, hasta alcanzar 400-450 páginas mecanografiadas, las cuales habrían sido publicadas después, en 1980, por la Editorial Garzanti, con el título *Por una nueva semiología del arte*, mi primer libro sobre el argumento.

Veamos, paso por paso, los términos de mi disenso respecto a Eco y a todos los que, si bien por términos y vías diversas, piensan como él; es decir, que la obra de arte siga siendo funcionalmente (en el uso, en suma) signo comunicativo: complicado e intrincado como se quiera, pero signo comunicativo al fin; y no se convierta, como pienso yo, en su contrario, precisamente en un cosmos como simple objeto material.

El postulado del objeto material y sus motivaciones

Son los hechos los que nos vinculan a este postulado. Al menos en el ámbito científico, y es precisamente en este ámbito que lo que aquí estoy diciendo va buscando su sentido. En el ámbito científico los hechos vencen siempre: dado un contraste entre teoría y hechos, los hechos –en este ámbito, se sabe– ganan siempre. Y entonces comencemos con los hechos concernientes a la vida del arte, con los acuerdos sobre sus observaciones, con aquello que estos meten en crisis y así por lo demás.

a) Obra de arte: polisemia de experiencia como acuerdo

Si el lugar de la investigación es la experiencia sustentada por nuestra actual conciencia colectiva y por la vida de los diversos gustos (de las diversas poéticas) que esta legitima, no hay duda de que los diversos ojos de los diversos teóricos del arte (si se prefiere, estetólogos), guiados, no obstante, por una común voluntad científica, ven la misma cosa, aun cuando la formulan en modos diversos; pero –como ya decía Saussure–, aquí no se trata de cuestiones de modos de decir (de palabras), sino precisamente de cosas. Todos constatan que en nuestra cultura está legítimamente concedida a la obra de arte, cualquiera y de cualquier tipo que esta sea, una vida polisémica, abierta a las más diversas interpretaciones, hasta llegar incluso, como subraya Eco, a la antinomia (1975, parte 3.7). Sobre este punto el acuerdo es verdaderamente total. En ámbito neofenomenológico, Anceschi habla de la obra de arte, hoy, como de un viviente jeroglífico donde todo se asoma y todo se pierde (1968: 45); en ámbito lingüístico-semiótico-estructuralista Jakobson habla de ambigüedad (1963, *passim*) y Murakovsky de signo autónomo (1966, *passim*), que es una especie de contradicción de términos; en ámbito semiótico-marxista Galvano della Volpe de lugar del polisentido (1960, *passim*); en ámbito filosófico-musical Susan Langer de símbolo inconsumable (1953, *passim*); en ámbito francés, en el interior de la llamada *nouvelle critique*, Roland Barthes habla, respecto a la obra, de lengua plural (1965: 44); en ámbito italiano, al interno de una filosofía espiritualmente orientada, Luigi Pareyson habla de una forma que, siendo siempre ella misma totalmente, se multiplica significativamente con el multiplicarse de los intérpretes (1974, *passim*), y así sucesivamente. Si luego no olvidamos que también Croce, es decir el blanco contra el cual cada una de las posiciones mencionadas directa o indirectamente se mueve, pensaba más o menos la misma cosa[1], entonces bien se pue-

---

[1] Pienso en su constante atención a nuestra experiencia de la cosmicidad de la obra de arte y a la esencial inefabilidad que de esta es consecuencia.

de decir que sobre este punto el acuerdo es verdaderamente general. Los hechos son estos: una obra realiza, hoy, su propia identidad artística volviéndose semánticamente indecible, sincrónicamente abierta a un número indefinido de interpretaciones. Es una verdad que cada uno de nosotros puede constatar por sí mismo, directamente. Pensemos en la obra de arte que nos guste más y recorramos mentalmente todo su ámbito crítico. Es fácil prever una situación similar a la hasta aquí descrita: muchas interpretaciones, cada una diferente de la otra; y, por otro lado, todas, a partir de su propia óptica, aceptables, excepto por algunos criterios lógicos que aquí es necesario forzosamente dejar afuera del discurso. Es una experiencia, esta, que asume una estructura paradójica (va contra todo lo que nos esperamos de la vida de los signos, ya que la obra resulta, después de todo, hecha de signos, ¡qué diantres!); es experiencia que no está dada, entonces, por estas diversas posiciones culturales que la ven, porque atravesándolas todas no puede sino trascenderlas; es una experiencia que se debe, por lo tanto, al horizonte más amplio de la cultura que a todos nos constituye, y constituyéndonos contiene, inevitablemente comprendidas, las posiciones teóricas indicadas, para las cuales esta experiencia no puede sino devenir inmediatamente un problema (un problema científico tiene siempre la estructura de una paradoja): ¿por qué una obra hecha de signos se pone a funcionar de modo anómalo respecto al normal funcionamiento comunicativo de los signos? La pregunta es objetivamente apremiante (también el hombre común la siente) y a la ciencia corresponde la tarea de intentar responderla. ¿Y con cuál teoría la ciencia actualmente ha respondido y responde? Veamos.

                                        Luciano Nanni

b) La comunicación, a pesar de todo

Tomemos uno de los autores ya citados: Roman Jakobson. Tal estudioso no está tomado al azar, ya que, por su línea, es uno de los maestros, si no el maestro, en la defensa de esta idea de arte como comunicación a pesar de todo. Él, asumiendo la experiencia de la ambigüedad del arte como problema, la reconoce como real, pero sostiene que al final no anula la referencia, sino que la vuelve solo más oscura; ambigua, precisamente (Jakobson, 1963, *passim*). Pero ¿la referencia de qué cosa? De lo que se habla, obviamente. ¿Y la atención a aquello de lo que se habla no es en Jakobson la atención dirigida a la función referencial, y por lo tanto a una lógica de uso de los signos que es aquella que usamos de forma instrumental y cotidiana; aquella que en mis libros he ejemplificado con el bar, donde precisamente se da uno que habla (un emitente), el cual, hablando, pone la referencia a algo (aquello de lo que está hablando)? ¿Y no es completado después el proceso por alguien más que recibe tal discurso (un receptor), el cual, por convención, debe al final simplemente esforzarse por recuperar, decodificándolo, el concepto de aquello a lo que se refería el hablante? Así funciona nuestro lenguaje cotidianamente. Si en el bar, precisamente, alguien pide un café, la tarea del barman consiste en esforzarse por entender y aprehender lo que el hablante quiere (la referencia implícita en su discurso) y no otra cosa. Y así en la oficina "informaciones" de la estación, como también en un aula universitaria (se puede disentir del profesor, pero antes la convención exige que se intente entender qué quiere decir, a qué cosa, en suma, se refiere), y así en otros ejemplos. Luciano Anceschi observa: claro que puedo leer los *Cantos* de Leopardi por sí solos, ¿por qué no? Pero si leo también el *Zibaldone*, es decir, el borrador donde el poeta anotaba explícitamente sus intenciones, los entenderé ciertamente mejor, ya que seré llevado por el poeta al corazón de su creación (Anceschi, 1968, *passim*). Y así sucesivamente en los otros autores citados. El modelo de uso del signo artístico no les parece diferente del de la lengua de uso cotidiano, donde se da un tejido de signos (un texto, precisamente) en el cual el emitente ha inscrito un significado que el receptor debe simplemente recuperar. La diferencia no sería de modelo, sino solo de diversa dificultad al interior del mismo modelo. Tendremos poesía y arte cuando la recuperación sea riesgosa, conjetural y de incertidumbre infinita. La crítica sería aproximación infinita a la referencia, sin poder jamás afirmar haberla aprehendido.

Dificultad debida –y he aquí, para ellos, la causa de la susodicha polisemia– al modo en el cual la obra es confeccionada. Lógico: no cambiando el modelo de uso de los "mensajes", la causa de su diverso funcionamiento no puede sino ser buscada en la diversa confección de los mensajes mismos, y aquí cada uno tiene su opinión; es decir, nombra a modo suyo al mecanismo constructivo. En Jakobson se convierte en el principio de equivalencia movido del eje de la selección al de la combinación (1963: 181-218); en Eco, quien reescribe semióticamente a Jakobson, un código constructivo individual y privado del autor (un "idiolecto estético"), más alucinatorio, se podría decir con Kant, que real (Eco, 1975, parte 3.7); en Lotman, la modelización secundaria de la lengua, donde lo secundario indica, precisamente, un oportuno trabajo conducido sobre el modo comunicativo normal (primario) de tejer nuestros discursos (1970, *passim*), y así con otros autores. Incluso en aquellos que son más problemáticos al respecto. Por ejemplo, Barthes, quien ciertamente separa la obra de la comunicación instrumental, pero para ligarla a una lengua antropológico-simbólica a través del mecanismo de una "descontingentización" (1965: 47) que no se sabe quién la provoque o de dónde venga.

Operaciones que recuerdan los sistemas *ad hoc* de epiciclos y deferentes a los que recurrían los tolemaicos para reconducir las anomalías en el movimiento de los cuerpos celestes a la teoría del círculo. ¿Un planeta trasgredía la regla del círculo; es decir, su movimiento no era deducible a partir de esta figura? No hay problema. El problema no era sustituir la teoría del círculo con otra más adecuada (no había ninguna duda de que la teoría del círculo fuese la justa), sino acaso encontrar el modo de poner de acuerdo los hechos con la teoría, y lo hacían precisamente de forma instrumental con los mecanismos indicados. La cosa no es diferente con nuestros teóricos del arte. Ninguna duda de que el arte sea comunicación; de que encuentre, en suma, su identidad al interior del modelo único y de fondo de la comunicación cotidiana *tout court* (¿no es la obra un mensaje que, si bien a modo suyo, el artista nos quiere enviar?), y entonces no nos quedará más que recurrir a los mecanismos estructurales indicados para concordar con esta el funcionamiento experimentalmente anómalo de la obra. Pero en la ciencia, dado un persistente contraste entre la teoría y los hechos, es, se ha dicho, la teoría la que se debe quitar, no los hechos. ¿Cómo estar entonces en nuestro caso con Kepler contra los tolemaicos?

c) Con Kepler, contra los tolemaicos

En un famoso pasaje suyo, Charles Sanders Peirce eleva el modo con el cual Kepler llegó a sustituir la teoría del círculo con la de la elipse a emblema de toda investigación científica correcta (1931-35: 105-106). ¿Qué hizo Kepler, en síntesis? Veamos.

Tenía frente a sus ojos los movimientos de Marte. Tenía en mente la teoría de que deberían concordarse con la figura del círculo. Observa Marte, dibuja sus posiciones y da confianza a la teoría que le viene del pasado. Marte se mueve según una línea extraña, más parecida a un huevo que a un círculo, pero es muy pronto todavía para decir que la teoría del círculo no funciona. Pueden estar equivocadas las observaciones. Conviene insistir, por años. Y Kepler insiste, por años, pero el contraste no cae, y Kepler se encuentra casi naturalmente inclinado a pensar en otra figura, ya presente en su, digamos así, conceptoteca mental. Hablamos ahora de *paninoteca*, ludoteca, etc. ¿Por qué no, si es conveniente, hablar también de conceptoteca? Se trata de la figura de la elipse, y es precisamente la empírica figura oval, nacida del registro de sus observaciones, a empujarlo hacia su individuación. Y Kepler, en un cierto punto, se arma de valor: toma la figura de la elipse del sector de la cultura en el cual era hasta ese momento sensato pensarla, el matemático; la mueve al impensado sector de la astronomía, y la "arroja" al cielo como lógica de los movimientos de Marte. Ve que Marte respecto a la elipse se convierte en un párvulo modelo. La abstrae entonces del cielo (la abduce) como *descripción* de la realidad invisible que está en el cielo: la lógica de la elipse, precisamente, como regla del movimiento de los planetas. La sustitución de una teoría con otra está hecha: adiós al círculo y bienvenida la elipse, hasta obviamente prueba contraria. Esto, concluye más o menos explícitamente Peirce, es el conjunto de pasajes presentes en todo creíble cambio de teoría científica. Ahora, como es nuestra (mía) intención proceder científicamente, ¿cómo y con qué cosa llenar, en el caso del arte, todos estos pasajes? De que a Marte y a sus anomalías motrices corresponda la obra de arte y sus anomalías de comportamiento respecto al funcionamiento comunicativo normal, monosémico, de los signos, me parece que no hay dudas. Que a la teoría del círculo corresponda la teoría que pretende que, a pesar de todo, la obra de arte sea explicable con la teoría de la comunicación me parece también evidente. Como me parece evidente que el cielo pueda ser considerado el equivalente de nuestra conciencia colectiva. Aquí no nos estamos preguntando qué es el arte para alguno de nosotros, sino para nosotros, todos, en conjunto. ¿Y qué cosa poner, en nuestro caso, en el lugar de la elipse? Precisamente, digo yo, el *objeto material*, el objeto concebido como una entidad de la cual no podemos jamás decir que estamos seguros de haberla definitivamente conocido; el objeto, en suma, pensado como indecible en línea de principio. Es una entidad con la cual el sector físico-astronómico y epistemológico de nuestra cultura tiene, hoy, gran familiaridad. En el caso de la epistemología, pienso, por ejemplo, en la reflexión de Prieto al respecto (1975: 121-140); por parte de la astronomía, en un libro, *Teorías cosmológicas rivales* (Bondi *et al.*, 1960). En la medida en la cual son todas, aun contradictorias, creíbles desde su punto de vista, precipitan el objeto referenciado, el cosmos precisamente, en lo indecible, dándole la identidad del objeto material indicado. Pero es cosa conocida: es el noúmeno de Kant, pero también es el mundo, en la manera en la que es postulado por la nueva ciencia galileana contra la Iglesia. En el fondo, el desencuentro entre la Iglesia y Galileo es el desencuentro entre dos diferentes postulados respecto al mundo: la Iglesia postulaba en principio la luz, la revelación; y por lo tanto el mundo era un signo cuyo emitente era Dios y cuyo significado estaba, después de todo, declarado en el libro sagrado de la *Biblia*, si bien difícil de entender, y simbólicamente escrito en la naturaleza. La ciencia galileana, en cambio, postulaba en principio la oscuridad. La verdad del mundo había perdido su emitente: el mundo ya no era concebido como signo comunicativo, sino como grumo ignoto de materia que, si se convierte en signo, lo hace en la pluralidad de las teorías que, de acuerdo con su punto de vista, se esfuerzan por raspar en él algún nivel de verdad y llevarlo a nuestro conocimiento. Exactamente el modo de funcionar, hoy, de la obra de arte. Qué cosa sea en sí, hoy, una obra de arte, no se puede decir, se muestra indecible. Cada interpretación la transforma, definiéndola, en signo, pero los signos son diferentes: tantos como las interpretaciones que a ella convincentemente se ligan. Yo también he trazado y buscado por años, como Kepler hizo con Marte, el modelo del modo de vivir de la obra de arte en la crítica y siempre me ha salido un modelo, digamos, circular; una especie de baile de indios en torno a un tótem (una entidad inconcusa en el centro, en suma, y una serie indefinida de curiosos en torno que la ven obviamente desde el punto en el que están, desde su punto de vista). Modelo que con aquel lineal de la comunicación (emitente-mensaje-destinatario) no tiene absolutamente nada que ver, pero que evoca perfectamente aquel con el cual podría estar figurado nuestro modo de conocer aquello que no es signo, aquello que no es pensado como mensaje a partir de un emitente, precisamente un objeto material. Y entonces, ¿por qué no tomar del campo científico-epistemológico tal modelo y usarlo como explicación de la identidad, hoy, de la obra de arte? Si fue entonces legítimo para Kepler transferir modelos de un sector a otro de nuestra cultura, ¿por qué no debería serlo también para nosotros?

Tal transferencia hace ver el comportamiento de la obra como algo completamente normal. También la obra de arte deviene una dócil ejecutante (visualizante)

                                        Luciano Nanni

de la lógica que se presume la guía. Normal es entonces que la obra-de-arte-objeto-material permita la construcción de diferentes y parciales verdades. Normal que el artista como emitente sea deslegitimado. El objeto material, como hemos visto, no puede tener emitente: puede tener un creador, un constructor, y esto vale también para la obra de arte. El artista persiste como propietario filológico de la obra, de su materia; pero no es ya su propietario epistémico. Su parecer crítico vale como cualquiera de los tantos posibles. Por lo demás, un artista que se pone a interpretar una obra desactiva su función de artista y activa la del crítico *tout court*; y si las legalidades que rigen la crítica hoy quieren que lo propio de la obra de arte sea que esta funcione en modo indecible, él, en cuanto crítico, no puede sino participar en este juego.

Conclusión: la teoría convence. La obra de arte está hecha de signos, o bien de materia signada, pero funciona respecto al conocimiento que tenemos de ella como si no lo fuera, como si fuese, precisamente, un simple objeto material. Veamos ahora si, sometida a comprobaciones, esta observación resiste. Y si resiste, ¿cuál es el conmutador de identidad que la rige?

"Langue" autónoma del arte, como necesidad

Como prueba de todo lo dicho podemos hacer un experimento. Es un experimento que podemos hacer todos, porque forma parte de aquella clase de experimentos que Galileo llamaba mentales, ya que basta configurarlos en la mente para encontrarlos convincentes. Veamos.

Imaginemos todos que vamos al bar, que vemos a la cara al barman y le decimos: "Poesía: por favor, ¿me da un café?". Intuimos todos que, si hemos actuado bien la escena, el barman no sabrá qué hacer, si darnos el café o no, como si estuviera bloqueado por dos fuerzas contrarias. Pues bien, el barman estaría bloqueado, realmente, por dos fuerzas contrarias. Estaría bloqueado por dos sistemas de permisos y prohibiciones opuestos; en suma, por dos *langues*, por dos códigos de uso de los signos (de uso, nótese, no de confección) inconciliables: la *langue* propia del bar (y el bar representa todos nuestros lugares de uso cotidianamente comunicativo de los signos), por un lado, y por el otro aquella propia de la poesía (y aquí la poesía representa todos los lugares del arte). La *langue* del bar ordena al barman: de la frase que has escuchado considera solo su nivel referencial, solo el concepto del café que te están pidiendo. Da el café a quien te lo pide y no hagas caso de todo lo demás; no hagas caso al tono de la voz con el cual está formulada la pregunta, a la ritualidad difundida en tal práctica, a su significado antropológico, o qué sé yo, psicoanalítico, etc. Contrariamente, el término "poesía" (el meta-texto "poesía") le ordena: de la frase que has escuchado, da importancia a todo excepto a lo que te ordena dar importancia el bar: haz, en suma, lo que te venga en gana, interpreta la frase como creas, escribe de ella los ensayos que quieras, pero no des absolutamente el café a quien aparentemente te lo pide.

Y, de hecho, solo al reducir el meta-texto "poesía" a una broma, el barman nos dará el café; de otra forma, con justa razón, el café no nos llegará jamás[2].

Aquí estamos. ¡He aquí el conmutador buscado! Si en el arte los signos se ponen a funcionar como si no

---

[2] Rigurosamente hablando, no es el barman el que nos da el café, sino el bar que, no teniendo un cuerpo, está obligado a servirse del cuerpo del barman. El barman, en cuanto barman, está totalmente habitado por la lógica del bar. No puede hacer otra cosa. Si hace otra cosa, algo, en suma, no pertinente al bar, podría ser despedido y ningún sindicato lo defendería.

Luciano Nanni

fueran signos, si en el arte el conjunto de los *signos* que forman la obra se pone a funcionar como un cosmos *tout court*, es en virtud de esta *langue* propia del arte y del todo distinta de aquella que guía, para nosotros, el uso simplemente comunicativo de los signos, de los mismos (nótese) signos: no hay signos comunicativos en sí y signos artísticos en sí (en nuestro experimento la frase es siempre la misma: a nivel de confección lingüística no cambió), sino que los mismos signos pueden ser signos comunicativos, si vienen usados según la lógica de la *langue* comunicativa, y arte, y por lo tanto negados como signos comunicativos, si vienen usados según la lógica, precisamente, del arte. Lógica presente en nuestra colectiva conciencia obviamente en forma del todo intuitiva y operativa. Lógica precisamente nuestra (para el Medievo es necesario construir una hipótesis diferente), de la cual mis últimos libros intentan dar un rostro visible (un gráfico) y una descripción. Pero quisiera cerrar esta conversación con otro ejemplo. La joven, famosa, escritora siciliana Lara Cardella denunció, hace algunos años, a un crítico en un tribunal ordinario porque, a su parecer, interpretando su novela, este la habría malentendido. Y bien, ¿qué hizo el tribunal? Dio la razón al crítico y no a Lara Cardella, lo que equivale a decir que también para aquel juez, en el campo del arte, el autor de la obra no puede ser considerado el intérprete auténtico del significado de la obra misma. Aquel juez, en suma, sin haber frecuentado jamás mi curso de estética me ha dado la razón. Me ha dado la razón en total autonomía, y si, como afirma Popper, una característica de la verdadera comprobación es la independencia de la prueba, la sentencia de aquel juez es una ulterior exaltación para continuar a creer (y sostener) lo que me parece ver.

Museo y experimentación: sobre la identidad del arte en el final del Milenio

Preliminares

"Museo, arte y sociedad": cada uno de estos temas reenvía a bibliotecas enteras; cada uno, por consecuencia, es de complejo y en sí imposible tratamiento, pero para la vida del arte, hoy, los tres son centrales e inevitables. Se puede hablar de ellos poniéndolos en relación; abreviándolos, en suma, a través de la focalización de alguna relación suya, y yo he intentado hacerlo con el título que he dado a mi conversación, que comenzaría con algunas consideraciones preliminares. Tres, para ser precisos: dos respecto a las palabras del título mismo y una acerca de la naturaleza del discurso en general. Es precisamente un discurso el que me dispongo a hacer, y entonces tal vez será conveniente preguntarnos cómo se puede estar en el mismo. Y esto vale tanto para mí como para quien me escucha o me lee. Cómo, en suma, sus dos polos pueden ocuparlo con recíproco respeto y mutua, efectiva, colaboración.

Pero vayamos al título. La primera observación la podría definir como de orden retórico, y se refiere a las palabras usadas. "Museo" y "experimentación" no crean problemas. Son palabras pertinentes al tema y su uso parece apropiado. La expresión "Milenio" –y "final del Milenio", especialmente– puede parecer, en cambio, un poco artificiosa, y dar la impresión de ser una elección de índole más retórica que referida a una real exigencia del discurso. Y más aún, podría considerarse una retórica sin fantasía, por no decir irritante. De hecho, su uso se ha vuelto repetitivo, diría obsesivo; termina por insinuarse en todas partes: incluso en la programación de los hijos. Y entonces, ¿por qué, consciente de todo esto, no he renunciado a usarla? Porque aquí no se podía prescindir de ella, ya que pienso que lo que ha sucedido al arte en este siglo, y que su final no cancela sino acentúa, no sea solo cuestión de este siglo, sino que ilumina con nueva luz también el principio base con el cual el arte en general se constituye y, por lo tanto, ilumina también, en su conjunto, al arte de este Milenio nuestro que termina. El Milenio, en suma, es sacado a colación no por motivaciones retóricas, sino científicas, ya que solamente una mirada de tan amplio espectro puede poner en la luz adecuada cuanto sobre el arte de hoy y del pasado pretendo decir. Motivación científica, y estamos así en el segundo orden de las consideraciones que querría hacer sobre el título. Desde este punto de vista, pondría de inmediato en estrecha relación dos de los términos que este contiene: me refiero al término "museo" y al término "identidad". En cambio, dejaría aparte por ahora la cuestión de la "experimentación", la cual recuperaré al final del discurso. Como bien se puede entender, los términos "museo" e "identidad" no indican cosas diversas, sino dos caras de la misma medalla. Están ligados estrechamente, como la carne y la carnicería, la fruta y el negocio de la frutería, y otras cosas por el estilo. En palabras más propias, como el significado y el significante; en suma, como el recto y el verso del signo, para decirlo con Ferdinand de Saussure. Tratando un aspecto también se trata el otro, si bien implícitamente. Yo, considerada mi profesión de docente de estética, hablaré de esta "cosa" desde el ámbito de la identidad del arte. La identidad del arte

                                    Luciano Nanni

es, desde siempre, uno de los problemas de la estética. Imaginando la vida de toda entidad de este mundo dividida en dos espacios, uno genético (el espacio comprendido entre su ausencia y su aparecer) y otro que podríamos llamar resolutorio (el espacio comprendido entre su ser aparecido en el mundo y su relacionarse con el resto; su vivir, en suma), el espacio de la estética es desde siempre el primero. El espacio donde son legítimas las preguntas como la que se hace, por ejemplo, Nelson Goodman, quien, en un capítulo de su libro *Ver y construir el mundo*, dedicado al arte, se pregunta *¿Cuándo algo es arte?* (1978: 67-84). O bien que se hacen otros (entre ellos nosotros mismos), del tipo *¿Qué hace de un mensaje una obra de arte?* O también *¿Con base en cuál principio algo se constituye como arte?* Y otras por el estilo. Desde siempre, preguntas como estas han sido reconocidas como propias de la estética, o, si no lo han sido, han aspirado a serlo. A diferencia de los problemas del segundo espacio, propios, en cambio, de la crítica. Es, el segundo, el espacio donde la obra, una vez reconocida como tal, puede manifestar sus diversos aspectos; sus significados, se puede decir, y esto le sucede entrando en relación con sus intérpretes (sus críticos, en sentido estricto). Si los críticos se ocupan de preguntas del primer espacio, rigurosamente hablando, no son ya críticos (no activan ya la función crítica), sino, precisamente, estetólogos. ¿Se los pretende aún críticos en sentido amplio? Está bien, con la condicionante de que se sepa que la función activada es aquella propia de la estética; obviamente, veremos, concebida como ciencia.

Y estoy, con esto, entrando en el tercer orden de las consideraciones, puesto también este como preliminar; es decir, en las consideraciones que conciernen al discurso. Considerando que, trátese de una conferencia o de una lectura se está inevitablemente juntos, hablante o escribiente y oyente o lector, será bueno preguntarnos cómo se puede estar sensatamente juntos en un discurso. Es bueno que quien escucha o lee se pregunte, y pregunte a quien habla o escribe, "¿qué hay de mí en tu discurso?", "¿qué tengo que hacer yo, escuchándote o leyéndote?". Y es bueno que el autor del discurso responda a esta pregunta, implícita o no, precisando con qué fin habla o escribe; con qué fin involucra a su interlocutor. De esto depende, repito, además de la sensatez del discurrir mismo –al evitar, por cuanto sea posible, fastidiosos equívocos a manera de chistes de desplazamiento, para decirlo a la Freud–, también la ética de nuestras relaciones sociales, por no hablar de las buenas maneras, que también cuentan.

Bien; será triste, será sofocante, pero nosotros, en el fondo, no podemos usar nuestro pensamiento, y por lo tanto el discurso con el cual se casa, más que en dos modos: con el fin de intervenir sobre el mundo para modificarlo, produciendo nuevas cosas y comportamientos (incluida la defensa de cosas y comportamientos ya existentes) o con el fin de describirlos, en sus lógicas y relaciones, ya sean internas o externas. El resto, digamos, es del maligno. Fuera de metáfora, solo confusión y sinsentido.

Cierto, yo puedo no usar mi pensamiento y liberarlo de esta horca, pero aquí es del pensamiento usado del que se está hablando (¿y qué es el discurso si no pensamiento usado?), no del pensamiento dejado en el limbo de nuestra mente. Apenas se pasa a su uso, la horca aprieta. Lo sabía bien Pitágoras, cuando, para explicar qué era la filosofía, contaba, se dice, la anécdota del mercado. Están los hombres, parece que decía, en un mercado. Bien. Estarán aquellos que se encuentran ahí para perder el tiempo, que no saben qué hacer, y no nos interesan (son los hombres de limbo, digo yo); estarán también aquellos que se encuentran ahí para hacer negocios y son los hombres prácticos; estarán también, tal vez, aquellos que se encuentran ahí solo para ver qué cosa sucede, y estos, parece que concluyese Pitágoras, son los filósofos. Cuando un periodista preguntó a nuestro premio Nobel Rubbia cuál era el resorte que lo llevaba a buscar cuanto estaba buscando, Rubbia respondió: "la curiosidad". El Rubbia científico está movido hoy por el mismo resorte que según Pitágoras movía al filósofo. Aquí se podría abrir una larga reflexión sobre la identidad o no entre filosofía y ciencia. Cosa interesantísima, pero que aquí es necesario dejar aparte para regresar al fin con el cual la anécdota de Pitágoras ha sido contada.

Bien. También en Pitágoras tenemos un modelo con solo dos modos de pensamiento: fin práctico, o ético como yo prefiero decir (ético, etimológicamente, ligado a cosas y comportamientos), y fin analítico o científico (pienso, de hecho, que la buena filosofía es siempre ciencia; buena ciencia, se entiende; y repito, concédaseme no demostrarlo aquí; lo he hecho en algunos escritos que pueden buscarse fácilmente). Cualquier otro uso es un no uso, cosa para perder el tiempo.

Se habrá intuido, entonces, que lo que aquí me dispongo a decir será dicho de acuerdo con una finalidad científica: intentar ver cuál es la identidad del arte nuestro, hoy, y cuál es la luz que de esta identidad suya reverbera en su historia (del arte en general, se entiende, para todos nosotros y no en particular para alguien); y que el empeño requerido a mi interlocutor será el de un verificador científico. ¿Qué implica una verificación científica? Implica que el verificador ponga entre paréntesis todos sus gustos y amores personales y los mantenga ahí con la finalidad de ver solamente si las cosas están como pretende aquello que se verifica, en este caso, si el arte tiene o no, guste o no guste, la identidad que mi discurso se dispone a explicitar. Al interlocutor se pide, en suma, colaborar, para decirlo en términos médicos, a un buen conseguimiento del diagnóstico (la ciencia no es otra cosa; la técnica, con la cual a menudo la ciencia es confundida, es, por el contrario, práctica; está al servicio de la ideación práctica, al servicio del pensamiento para modificar el mundo), luego, con respecto a la cura, cada uno podrá tornar a ser libre de perseguirla o no perseguirla, distinguiéndose de los otros a voluntad.

¿Cuál es la identidad de la obra de arte, hoy?

El problema que se encuentra frente a quien se dispone a responder a la pregunta "¿Cuál es la identidad del arte para nosotros, hoy?", me parece que ha sido bien sintetizado hace tiempo por la publicidad que uno de nuestros periódicos nacionales, *La República*, ha ampliamente difundido como apoyo de la propuesta, que el mismo periódico hacía a sus lectores, de los fascículos de la historia del arte de Gombrich. Se trataba de una figura compuesta, en la cual la cabeza faltante de la *Nike de Samotracia* había sido sustituida por una obra de Andy Warhol, una *Soup Campbell*. ¿En qué modo esta figura compuesta resume icásticamente (visualiza, en suma) nuestro problema? En este modo: esta refigura dos obras que conviven en el campo del arte; representa, en suma, lo que hoy encontramos en el museo. En el museo, y por lo tanto en el arte, están juntas cosas diversísimas; las dos obras indicadas, pero también, qué sé yo, la *Piedad* de Miguel Ángel o el *Escurrebotellas* de Duchamp, o incluso una *Sinfonía* de Mahler y un *Poema ventral* de Adriano Spatola; o también *Los novios*, de Alessandro Manzoni y la *Mierda de artista* de Piero Manzoni, y tantas otras que se pueden enumerar. ¿Cómo pensar que estas cosas tan heterogéneas puedan ser reunidas en un algún principio común? ¿Cómo englobarlas en una clase? Imposible, dicen mis colegas estetólogos, y parece que tienen razón.

Citaré una consideración al respecto de Emilio Garroni. La tomo de un *preprint* editado por el Centro Internacional de Estudios de Estética, dirigido por Luigi Russo, de la Universidad de Palermo. Un *preprint* en el cual están recogidas las actas de un congreso que tuvo como argumento *Baumgarten y los horizontes de la estética*. Garroni, no distanciándose gran cosa del clima general del congreso, no cree en la posibilidad de encontrar un verdadero y propio estatuto disciplinar para la estética como filosofía del arte, y esto, no secundariamente, a causa de la imposibilidad de encontrar un principio capaz, precisamente, de tener reunido el campo tan diversificado de las obras. Pero leámoslo:

> Debo decir, antes que todo, que estoy totalmente de acuerdo con que la definición de "estética" como "filosofía del arte" [en el sentido disciplinar aclarado óptimamente por Leonardo Amoroso y Maurizio Ferraris] no sea ya aceptable; más bien, en estricto sentido, no lo ha sido nunca. Desde hace mucho tiempo insisto, no sin obstinación, sobre este punto: que el "arte", en sentido estético moderno, es una noción relativamente reciente y de confines deshilachados; que este no designa una clase de objetos de la cual sea posible explicar el criterio de pertenencia, sino que reenvía solo a ejemplos de un cierto modo contingente de hacer y de experimentar cuya unidad pragmática no es explicitable conceptualmente en modo ni siquiera aproximativo; que por esto no puede pretender establecerse como verdadero y propio objeto epistémico de una disciplina teórica, sino solo como referente a la vez contingente y ejemplar de una reflexión que, sobre esta circunstancia, se interroga en realidad sobre la posibilidad y sobre la condición de sentido del hacer y del experimentar en general (en Russo, 1998: 65-66).

Ahora, no es tanto el problema teórico del vínculo estrecho entre individuabilidad de un objeto de análisis y la constitución de su relativa ciencia de estudio lo que aquí interesa. Es un problema teórico fundamental, pero aquí interesa otra cosa; interesa el hecho de que a Garroni el conjunto de las obras de arte se presenta, si entiendo bien, como carente de un principio unificador, de un principio lógico capaz de hacer de él una clase. Y, a primera vista, parece difícil no darle la razón. ¿Qué cosa puede tener juntos, de hecho, a *Los novios* de Alessandro Manzoni y, qué sé yo, precisamente a la *Mierda de artista* de Piero Manzoni? Es, esta, una confrontación a la cual he recurrido otras veces para el mismo fin, y que sigo considerando ejemplarmente insustituible. ¿Qué rasgo pueden tener en común?

Veamos. Cada uno de nosotros, si posee el libro, cree poseer *Los novios*. Bien. Supongamos que cada uno de nosotros decida poner este libro nuestro en una mesa junto con *Los novios* de los demás. Bien. No cuesta mucho trabajo imaginar que, vistos de esta manera, todos juntos, parecerán físicamente diversos los unos de los otros; algunos en edición económica, otros en talla media, alguno grande y preciosamente editado en tapa dura, y así sucesivamente físicamente diversificados. No obstante lo anterior, todos seguiríamos pensando que poseemos la misma obra. ¿Qué significa esto? ¿No significa acaso que, desde el punto de vista de la constitución de *Los novios*, concebida como obra de arte, la materia física con la cual se ha hecho circular no contaría para nada, sería del todo indiferente? ¿Y no significa esto que *Los novios* en cuanto obra de arte nace y vive en un puro espacio mental? Otra cosa sería, de hecho, si en alguno de los libros mencionados faltase alguna línea, alguna página. En este caso estaríamos todos de acuerdo en que el poseedor de aquel libro trunco no tendría *Los novios*. Y esto confirma todo lo conjeturado. *Los novios*, en cuanto obra de arte, coincide únicamente con la cadena de los conceptos que la constituyen. Solo una lesión en este nivel puede minar su integridad, mientras

Luciano Nanni

que toda variación en el plano de la fisicidad del significante que le da visibilidad es indiferente. De manera muy diversa creemos que están las cosas respecto a la serie de las latas de *Mierda de artista* de Piero Manzoni. Cualquier alteración de su fisicidad, incluida su cantidad numérica, minaría su identidad. Una obra, entonces, totalmente realizada en cuanto arte sobre el plano mental; la otra, por el contrario, totalmente realizada sobre el plano de la fisicidad. ¿Cuál es el rasgo común capaz de unirlas en una única clase? Ninguno. Parece indudable que Garroni tiene razón. No obstante, ¿por qué sigo usando dubitativos? ¿Por qué continúo diciendo "parece" y otras expresiones similares? Porque en el fondo de mi mente una vocecita continúa repitiéndome: mira que si varias cosas están juntas, y más aún, en el mismo lugar, algún principio en común deberán tener. Estará superescondido, supermimetizado, dificilísimo de aprehender, pero debe existir. No debemos hacer de nuestra impotencia una cuestión de fábula de uvas verdes. No debemos transformar nuestra deficiencia en virtud. No debemos decir que no existe simplemente porque no hemos sido capaces de encontrarlo. La lógica nos dice lo contrario: nos dice que en casos similares no puede no existir. Una vez me encontré en la situación de enseñar a unos niños, con quienes llevé a cabo algunos tentativos para encaminarlos un poco hacia la lógica del clasificar. Tomé un pedazo de madera, una piedra negra, un vaso de agua y una pequeña botella de tinta (mi edad ya es avanzada), y al primer niño que se ofreció como voluntario propuse reunir estas cosas en dos grupos (en dos clases), de acuerdo con la oposición *sólido* vs. *no sólido*. Bien. Paolino, este niño, del cual recuerdo aún el nombre, puso en una parte la piedra negra y la tinta, y en otra el pedazo de madera y el vaso de agua. Y aquí llegamos al punto: Paolo no había clasificado las cosas que tenía enfrente según el principio que yo le había sugerido, pero un principio capaz de dividir las cosas en dos grupos y, por lo tanto, en dos clases, ahí estaba: la oposición *negro* vs. *no-negro*. Esto me dice la vocecita lógica insistente: si cosas diversas están en un mismo lugar, en un mismo grupo, un principio de unión debe existir, forzosamente. Si dos personas están en una misma casa, deben estar ahí con base en algún principio: será el matrimonio, será la amistad, será el parentesco. Y si están juntas pero no se conocen en absoluto, bueno, hoy serían extracomunitarios, que es también otro principio de clasificación. No se escapa. Regresemos, ahora, al arte. Tenemos obras de lo más diversas entre ellas: las hemos visto y estamos de acuerdo, pero la región donde están es *una* (el arte, precisamente), región a la cual corresponde *un* lugar, el Museo, precisamente. Y entonces el principio que las organiza en una clase debe existir, forzosamente. ¿No es, entonces, que no se ha encontrado porque se ha mirado donde no estaba? Porque también esto me dice la famosa vocecita lógica; me dice que un principio de unión, como cualquier otra cosa, debe ser buscado donde esté, porque si no, si se busca donde no está, es evidente que no se encontrará. ¿Y dónde se ha buscado, hasta ahora, el principio de unión entre *Los novios* y la *Mierda de artista*, la pareja de obras elegida para representar la distancia presente también en todas las otras, mencionadas y no? En la materia de la cual están hechas y en su estructura. Y no se ha encontrado. Y tal vez todos aquellos que no lo encuentran, no lo encuentran porque es *dentro* de la obra que acaso ellos miran también. Pero (¡atención!, ¡atención!) esta no es la única vía: no es obligatorio mirar solo adentro. Se puede mirar también afuera. De hecho, aquella famosa vocecita lógica me dice que el "afuera" es más importante que el "adentro", que el "adentro" (en sus diversos niveles de realidad) lo vemos según y a partir de las indicaciones del "afuera", del modo en que entra en relación con nosotros y, por lo tanto, de nuestro modo de usarlo (aquí "uso" obviamente no quiere decir utilización material, sino simplemente relación, uso precisamente en sentido amplio, incluido el cognitivo), por lo tanto de nuestro modo de cultivarlo (también aquí en sentido amplio: no olvidemos, se cultivan los campos pero también las mentes y las amistades), de nuestro modo de asumirlo. No importa entonces que *Los novios* y la *Mierda de artista* y todas las otras obras presentes en el campo del arte no tengan algo en común a nivel de la materia y de la estructura de confección; importa que, *en cuanto arte*, sean usadas del mismo modo; en suma, de acuerdo con una misma lógica.

¿Queremos una prueba de la potencia constitutiva del "afuera"? Pensemos en el lenguaje. ¿Qué cosa nombra nuestro lenguaje? ¿Los entes y las cosas? Ni en sueños. Nuestro lenguaje nombra las relaciones que establecemos con los entes, con las cosas y por lo tanto nuestro modo de usarlas, de asumirlas, precisamente de cultivarlas. ¿Un ejemplo? Bien. Tomemos la palabra "escurrebotellas". Si decimos "escurrebotellas" y nos autoinvitamos a pensar qué cosa significa, creo que no habrá dudas: asociaremos espontáneamente a esta palabra la imagen de un objeto, en particular un objeto de cantinero. Bien. Pero "escurrebotellas" literalmente no significa esto. Literalmente "escurrebotellas" nos reenvía a una práctica, "escurrir botellas", es decir, a una cierta relación que este (el objeto en cuestión) llega a establecer con una usanza nuestra. ¿Fuera de esta relación, entonces, en qué se convierte? Fuera de esta relación ese objeto sale del lenguaje, si bien en virtud del lenguaje mismo. Nosotros estamos encerrados en el lenguaje como estamos encerrados en la atmósfera, y si una entidad sale del lenguaje lo puede hacer solo gracias al lenguaje mismo. No hay salida. Como al salir de la atmósfera. También de la atmósfera se sale en gracia de la atmósfera misma, gracias a aquellas bombas de oxígeno que los astronautas cargan consigo. Lo sabía bien, por ejemplo, un hombre político nuestro, Occhetto, quien, habiendo decidido cambiar nombre a su partido y no sabiendo todavía cómo llamarlo, lo dejó fuera del lenguaje llamándolo la "cosa". Pero también "cosa" es una palabra, si bien una palabra especial; una de aquellas palabras, como "chirimbolo" y otras similares, cuyo significado es el oscurecimiento de todo significado determinado; precisamente una pura dirección indicativa hacia el exterior del lenguaje mismo en espera del regreso. Bien. También nuestro "escurrebotellas", quitado del lenguaje, deviene una pura "cosa", y si queremos continuar llamándolo "escurrebotellas" lo podemos hacer en memoria de lo que fue, en recuerdo de una identidad suya pasada y ahora desaparecida. Nada hay de extraño entonces cuando, entrando en relación con la galería de arte –pienso obviamente en Duchamp– se convierte en obra de arte. La palabra "arte" no nombra al objeto, sino al tipo de relación (y estamos aún en el "afuera") en la cual el objeto entra, nada más. ¿Por qué entonces esta propuesta, como aquella de la "mierda", además, y tantas otras similares, ha suscitado tanto escándalo? Ha suscitado tanto escándalo porque en nosotros el lenguaje vive en ocultamiento de esta verdad suya. El lenguaje nombra siempre relaciones y jamás las cosas en sí. En principio, cognitivamente hablando, están las relaciones, no las cosas, y el lenguaje a estas relaciones nombra. Por lo demás, la vieja gramática escolástica lo sabía muy bien, cuando nos decía que la parte fundamental del discurso no eran los sustantivos, sino los verbos, las acciones; precisamente las relaciones. Sin verbo, ya fuese implícito o explícito, no había y no hay discurso. Y esto no es pensable solo como verdadero para las palabras

                                             Luciano Nanni

compuestas como "escurrebotellas", donde lo dice la palabra misma, sino también para todas las otras. Cierto, puede ser difícil recuperar la práctica de origen de palabras no compuestas, ¿pero esto qué significa? ¿No querríamos, también aquí, hacer de ello una cuestión de fábula de uvas verdes? Verdad, esta, que ha estado oculta en nosotros debido a nuestras necesidades de metafísica y de solidez, y además por la tradición cultural en la cual hemos crecido. Necesidades que han producido la indebida hipostatización del nombre de la relación al nombre del objeto. La necesidad de solidez nos ha llevado a desplazar el nombre de la relación al objeto (el objeto dura más allá de todas las relaciones en las cuales puede entrar); la necesidad de metafísica a extender una de estas identidades móviles suyas a su esencia, a su alma; la tradición cultural de la cual provenimos, a pensar que donde hay un alma no puede entrar otra (si el alma del objeto en cuestión es aquella del escurrebotellas, ¿cómo puede convertirse en obra de arte?). Todas estas, al final, son cuestiones de realismo ingenuo, y deben desmantelarse, de-construirse (para usar una palabra actual), si se quiere evitar la incomprensión de todo lo que nos sucede, incluido el arte. Y luego, vamos, ¿quién no recuerda el libro x del diálogo *La República* de Platón, y la pregunta que, en este, Sócrates no se cansa de proponer a la inteligencia de quien lo escucha?: "¿Quién tiene el arte de hacer la silla de montar?", pregunta Sócrates. "El guarnicionero", se respondía entonces y se respondería también ahora. Y luego: "¿Quién tiene el arte de hacer el laúd?". "El lutier", se respondía entonces, y responderíamos también nosotros hoy (1966, x, 601, d-e). Responderíamos, porque las respuestas verdaderas son, para Platón, otras. El arte de hacer la silla de montar lo tiene el caballero, no el guarnicionero. Si el guarnicionero sabe hacer la silla es porque alberga en su mente el saber del caballero: el caballero, dice Platón, tiene de la silla verdadera ciencia, mientras que el guarnicionero de ella tiene creencia; es decir, cree en lo que le dice el caballero. Otro tanto se puede decir del laúd y de cualquier otra cosa. El "afuera" gana sobre el adentro, desde siempre. Trágica nuestra historia, en la que pasamos la vida a reinventarnos lo que ya sabemos. Pero regresemos a la cuestión principal.

Está bien, se me podría decir, nos ha convencido. El principio de unidad de estas obras en clase debe buscarse afuera. Está bien. La artisticidad no es de ellas sino del modelo de uso artístico que las asume y este modelo es uno para todas. Está bien. Pero ¿cuáles son las características de este modelo? Bueno, para comenzar, el modelo que actualmente constituye la artisticidad (actualmente, ya que es de modelos históricos que aquí estamos hablando, no de modelos ahistóricos, inmóviles, hacia los cuales regresaría de manera más que pertinente toda la desconfianza científica de Garroni) dice que las podemos usar cognitivamente en modo polisémico, según una polisemia abierta e indeterminada que nada tiene que ver con aquella propia, por ejemplo, del Medioevo; polisemia que por otros, por ejemplo Achille Bonito Oliva, es llamada contemplación; lo que está bien, siempre y cuando admita en su interior la movilidad del punto de vista del usuario, porque esta es la regla que nuestra conciencia colectiva parece legalizar para la vida de la obra de arte en la crítica, en la interpretación. Lo que no quiere decir que de estas obras la crítica pueda decir lo que quiera fuera del control de la obra misma. Quiere simplemente decir que, en cuanto arte, estas autorizan al usufructuario a frecuentar sus niveles de realidad de manera libre. No a inventar niveles de realidad que estas no poseen. Del escurrebotellas, en cuanto obra de arte, deviene importante todo, su estructura, la materia de la

                                        Luciano Nanni

que está hecho, pero también su posibilidad de ser simbólicamente conjugado con los más diversos niveles de nuestro espectro cultural, desde el antropológico hasta el alquímico. Y esto no significa que un crítico pueda decir que tiene diez ganchillos si solo tiene siete, que es rojo si no lo es, que tiene valencias alquímicas si no es demostrable para todos. El escurrebotellas no tiene ningún poder en el horizonte que, al inicio de esta conversación, he llamado genético, es decir, ningún poder para proponerse por sí solo como arte (su artisticidad no es, reitero, consecuencia de lo que es material y estructuralmente), sino, una vez que alguna cultura, alguna poética, para decirlo con Anceschi, lo ha elegido y hecho obra de arte, este se convierte en el comprobador de cuanto la crítica pueda decir sobre él. La crítica puede frecuentar, en cada ocasión, según el crítico y el usufructuario en general, todos sus niveles de realidad, pero no puede atribuirle otros que no sean los suyos. Y esto, se entiende bien, salva la diferencia entre una obra y otra. Todas son arte por gracia del modelo polisémico (modelo común: es este modelo que hace arte las obras y no viceversa), pero dentro del modelo cada obra, si una obra es diversa de otra, habla según sus verdades y no según las de las otras. La artisticidad de la cual participan nos dice que podemos leer polisémicamente tanto *Los novios* como la *Mierda de artista*, pero los significados que *Los novios* pueden hacer aparecer en la crítica no pueden ser aquellos propios de la *Mierda de artista*. Pero no quisiera seguir hablando de los detalles de este principio contemporáneo nuestro de artisticidad colectiva, ya que la meta que nos habíamos propuesto se alejaría imperdonablemente. He escrito sobre esta cuestión de la polisemia diversos libros y a ellos reenvío a quien estuviese interesado en profundizarla. Aquí, de acuerdo con el programa, interesa otra cosa. Interesa ver en qué medida tal contemporáneo acceso al arte de las cosas más disparatadas puede hacer luz sobre el modo de constituirse de las obras de arte del pasado o, como he dicho al inicio, sobre la identidad de todo el arte pasado. Veamos.

Todo el arte tiene una fundación conceptual

Alguien podría objetarme: "Está bien, lo que usted dice se aplica al arte conceptual". Como sabemos, para el arte conceptual, arte es lo que decidamos que sea arte, independientemente de la naturaleza de la cosa elegida para tal fin. Pues bien, yo digo en cambio que, bien visto, en el arte conceptual, y por lo tanto en el siglo xx, se revela un principio constitutivo (y he aquí la razón profunda por la cual el final del Milenio debía ser sacado a colación) de todo el arte, incluso del pasado. Antes que cualquier otra cosa, porque la dimensión conceptual está en la base de la constitución de toda identidad humana. Yo mismo, de hecho, no soy hombre por naturaleza; no soy hombre porque haya nacido hecho de una u otra manera, sino porque mi padre, en mi nacimiento, conteniendo las concepciones de la cultura que a ambos nos albergaba, me ha registrado en el ayuntamiento con un nombre de hombre. No por otra cosa. No siempre los "hombres" han sido hombres (piénsese en los negros, también en los blancos, en los esclavos, en las mujeres). Piénsese en los niños malformados: en Esparta eran considerados como nada; hoy, por el contrario, son considerados los seres más humanos, los seres donde la humanidad se revela en su más profunda esencia, en su constitutiva imperfección y finitud. Bien. ¿Y por qué tal principio no debería valer para el arte? La *Gioconda* no es arte en sí. Es arte para aquella cultura que la ha delegado para representar su idea de arte, en este caso la nuestra, pero no necesariamente para toda

                                    Luciano Nanni

cultura posible. En una cultura diversa esta podría no representar nada, no tener ninguna identidad. Cuántas pinturas al fresco han sido cubiertas y después, tal vez, redescubiertas según su entrada o salida en el arte y del arte, independiente de ellas y únicamente ligada al uso artístico de las culturas que han encontrado. ¿Y no es acaso, también esta, una entrada en el arte de tipo conceptual? Siempre es arte lo que una cultura decide asumir (delegar para funcionar) como arte. Nunca lo contrario. La identidad de un ente, de una cosa, no es nunca emanación directa del ente, de la cosa misma, sino del modelo de uso, de la relación cultural (según la etimología del término, precisamente) en la cual entra. Si entra en un modelo que, en una determinada cultura, es considerado propio del arte, se convierte en arte; si entra, si viene asumido, en un modelo diverso, no lo es. Esto puede gustar o no gustar, pero si miramos cuanto sucede a las cosas, como he invitado a hacer en los preliminares, con ojo científico (analítico), es verdad difícil de desmentir.

A quien cueste trabajo creerme, aconsejo usualmente un experimento. Se trata de una especie de experimento que podría también ser llamado, con Galileo, mental, en el sentido que no es necesario realizarlo concretamente para encontrarlo convincente: parece convincente con solo pensarlo. Bien. Imaginemos que entramos en un bar, y que nos dirigimos al barman con estas palabras: "Poesía", luego, después de una breve pausa, "Por favor, ¿me da un café?". Creo que no tendríamos dificultad en admitir un momento de embarazo por parte del barman; en admitir un momento suyo (no importa si mínimo o apenas perceptible, pero un momento suyo) de inmovilidad. Ahora, como nada sucede al azar, este momento de inmovilidad se explica solamente con la verdad de cuanto he anteriormente dicho sobre el rol de los entes en relación con sus identidades, incluido el arte. Científicamente hablando, se entiende, pero, repito, es en esta llave que aquí se está hablando. Y a quien tuviese a bien minimizar la importancia de esta inmovilidad, vista la pequeñez de la cosa, respondería con las palabras con las cuales Edipo, en busca de luz sobre la gran tragedia de la peste de Tebas, responde a Creonte, quien minimiza cuanto del pasado alguien puede recordar: "incluso una sola cosa, si bien mínima, puede ser buen principio y puede ayudar a descubrir muchas otras si no se deja escapar". No dejemos escapar la inmovilidad, aun mínima, con la cual nuestro barman ha sido petrificado por nuestra pregunta. Explicándolo con una imagen, el barman nos recuerda la inmovilidad del pañuelo blanco en el juego de tira y afloja, en una fiesta rural. Esta, cuando comienza el juego, es simplemente fruto del equilibrio entre las fuerzas de los dos equipos que tiran en dirección contraria. ¿Cuáles son, entonces, las fuerzas, los mandatos, que, jalándolo en direcciones opuestas, obligan a la inmovilidad a nuestro barman? Aquellas (aquellos) del "bar" y aquellas (aquellos) de la "poesía". La palabra "poesía", en este caso, no forma parte del texto, sino del meta-texto; está fuera del texto y es vicaria de los lugares del arte, yuxtaponiéndose directamente al "bar". El barman siente dentro de sí dos indicaciones de uso contrarias. El "bar" le dice: no hagas caso a cómo se ha pronunciado la frase, no te preguntes nada acerca del significado de ese rito matutino en nuestra sociedad, no recojas las sugestiones simbólicas que la frase te puede producir, etc. Preocúpate nada más por asegurarte de que quien habla te haya verdaderamente pedido un café; dáselo y terminemos ahí. Por el contrario, siente que el término "poesía" le dice: de esta frase haz lo que quieras, déjate llevar por todas las interpretaciones posibles, comprendido su rechazo en cuanto poesía posiblemente a tu juicio fea, pero no hagas absolutamente lo que te dice el bar que hagas; es decir, no le des absolutamente un café.

Es la presencia simultánea de estos dos sistemas de permisos y prohibiciones opuestos la que oprime al barman en la inmovilidad. No otra cosa. La frase es la misma, pero si será poesía o no dependerá del modelo de uso en el cual el barman la hará entrar. Si la usará de acuerdo con la lógica de uso propia de los textos que consideramos poesía, será poesía, diversamente será no-poesía, o bien, una simple frase de nuestro lenguaje cotidiano e instrumental, una frase de bar. En el fondo de todo, no es el barman quien nos da el café, sino el bar, el cual, no teniendo cuerpo, se sirve para este fin del cuerpo del barman. La frase en sí no tiene identidad, su ser poesía o no depende de la relación cultural en la cual entra, del modelo relacional con el cual viene cultivada. La estructura de un objeto es indudablemente generada por una práctica, pero tal práctica no la posee eternamente: un objeto puede siempre ser dislocado y usado para otro fin. ¿No existen, qué sé yo, las armas impropias, el *ready made* y otros ejemplos por el estilo?

Conclusión: total separación entre sustancia de las cosas y su identidad, como se pretendía demostrar. Puede ser cosa de difícil aceptación, pero esto no quita que sea verdadera.

Consideraciones finales

¿Qué otras enseñanzas podemos deducir de todo esto en relación con los temas de esta serie de conferencias?

Primero, que no es ya posible pensar en un arte ingenuo, carente de esta dimensión que, con el filósofo analítico y crítico de arte de *The Nation*, Danto, podríamos decir filosófica. El arte no puede ser ingenuo. Si alguien cree albergarlo o producirlo en espontaneidad, se limitará a ocultar bajo tal pretendida espontaneidad la conciencia de alguien más. Un poco como sucede hoy al pintor del domingo, quien, produciendo cuadros de estilo impresionista, cree ser visitado *naturalmente* por el arte, sin saber de las batallas conscientes a través de las cuales el impresionismo se ha, en su tiempo, constituido como arte. Lo que equivale a decir que, a estas alturas, el arte podrá ser (y estoy en el término reservado para el final de mi discurso) solamente "experimental".

Cierto, hay de experimentalismo a experimentalismo, y un cierto tipo de experimentalismo puede ya estar muerto. Por ejemplo, el experimentalismo que podríamos llamar en sentido estricto "nuevista", en sentido estético-perceptivo. Participando, en 1995, en un congreso en Estados Unidos, en la Universidad de Yale, sobre el final del lenguaje y la experimentación a finales de siglo, tuve modo de argumentar a fondo sobre este problema. Creo que tal experimentalismo está acabado porque ya no hace escándalo. Literalmente, no crea ya obstáculo en el usuario. A estas alturas, el usuario, por esta vía, espera de todo. A estas alturas, toda materia y toda técnica han ya entrado en el arte. Proponer una materia o una técnica nuevas ya no hace pensar, y por lo tanto produce una inercia psíquica que, con el arte, se ha visto, no va tan de acuerdo. Lo que no significa, sin embargo, que el experimentalismo no deba ser aún la vía del arte. No puede no serlo, ya que es la única vía en la cual la presencia de la conciencia y del pensamiento es inevitable. ¿Cómo y en dónde, entonces, mantenerlos activos? A través de aquel experimentalismo que yo llamaría ético. Debo decir que está siendo cada vez más practicado. En este, al arte ya no son propuestas más materias y técnicas en sí, sino grandes temas sociales y morales, como la violencia, la ecología, las modalidades de tangibilidad de nuestro cuerpo mismo (pienso, por esta vía, en la crítica del modelo de belleza actual en las obras de Orlan), y así sucesivamente.

Y luego, como segunda pero no secundaria consecuencia, diría que ya no es posible pensar en el Arte con la "A" mayúscula, y, por lo tanto, en una única historia del arte. Si el arte está, como precisamente me parece que está, ligado con hilo doble a la cultura, a la poética, como se ha dicho también, que como tal la constituye; y tales culturas (tales poéticas) son tantas y diversas las unas de las otras, también la historia del Arte se subdividirá y se multiplicará en tantas posibles historias del arte como son las poéticas que la habitan. Hacer historia será todavía posible en el interior de estas poéticas; o bien, usando un término caro para el epistemólogo Kuhn, en el interior de los singulares paradigmas artísticos. Qué sé yo, dentro del impresionismo se podrá hacer una historia del arte impresionista; dentro del expresionismo, una historia del arte expresionista; dentro del dadaísmo, una historia del dadaísmo, y así sucesivamente. En esta luz, la historia tradicional del arte se revela también como la historia del arte dentro de un paradigma, aquel mimético, imitativo, no importa si del mito, de la religión o de la naturaleza. Paradigma parcial, también este; puesto, por lo demás, en crisis, primero por la fotografía y luego todavía más por el cine, capaz de reproducir incluso el movimiento. Me parece que quien vea esto, ve justo. Conclusión: ahora, más que de historia del arte, convendría mejor hablar de una varia y deshilachada fenomenología de este.

¿Y el museo? ¿Qué decir del Museo de frente a todo esto? Bien. Diría al menos dos cosas. La primera es que ningún director de museo podrá ya delegar la responsabilidad de sus elecciones a las razones del "Arte" con la "A" mayúscula, como si fuese esta verdad trascendente su guía, sino que deberá responsablemente justificarlas. No le es, en suma, ya posible una defensa científica de sus elecciones, sino solo retórica, es decir, ligada a la explicitación de la cultura, de la visión del mundo que considera deba ser por el interés de todos perseguida, y naturalmente, también conservada. La segunda es que la distancia entre el Museo y las galerías militantes y privadas se va indudablemente acortando. Los museos ya se han puesto, me parece, dentro de esta línea de competencia con el sector privado. Organizan eventos, venden cada vez más intensamente reproducciones, libros, etc. En sentido epistemológico no está mal, porque confiere visibilidad a su naturaleza integrada con el nivel viviente de una cultura y de una sociedad. En sentido ético-político está bien que no olviden, sin embargo, que son lugares privados, sí, pero propios de una comunidad y no de una porción, a veces individual, de esta, como las galerías privadas en sentido estricto; y sería entonces deseable que, en las relatividades, las de los museos fuesen lo menos relativas posible; que supiesen, en suma, leer los valores de mayor peso respecto a las exigencias, diría humanas, comunes.

Luciano Nanni

Contra la teoría estándar de la comunicación: no solo Leibniz...

Es sabido. El juego se llama "Shanghai". A veces, las más impresionantes construcciones deben su improviso derrumbamiento a la posición impropia de un simple palito. Posición que no existe habilidad de jugador que pueda enmendar o volver inocua.

Esta me parece la imagen más adecuada para representar el estado de la lingüística y de la semiótica en nuestro siglo: edificio inmenso ya, internamente articuladísimo y externamente poliédrico y polivalente; con megapartituras sobrecogedoras. Extendido como pulpo y seductor hasta el punto de que resistírsele parece ya imposible, y sobre todo estúpidamente autolesivo. Lo saben bien aquellas universidades que no han renovado sus cursos en tal dirección: los estudiantes las abandonan en masa. Y lo saben otro tanto bien muchos entes públicos y empresas privadas, convencidos de no poder funcionar de manera óptima sin adecuados cursos y prácticas en tal materia. Por no decir también de la política, de sus partidos y de las correspondientes instituciones. Sin excluir ninguna.

Bien. El palito que me parece individuar en posición inadecuada en toda esta megaconstrucción y que en las páginas siguientes intentaré correctamente quitar de en medio, es la idea de que en aquella que nosotros llamamos "comunicación" exista transmisión directa de pensamiento del emitente al destinatario;

la teoría, en suma, que pretende que la experiencia que llamamos "comunicación" pueda encontrar su comprensión y explicación científica en el modelo binario emisor-receptor, y en su recíproco intercambio horizontal de conceptos. Pero, se me podría objetar, la semiótica de este siglo, por estar solo en este campo, tiene también modelos explicativos diversos, mucho más sofisticados y problemáticos. Sí, es verdad; pero este modelo binario es indudablemente el más estándar y difundido: es el que nuestros hijos estudian en la escuela y el que, como diré de mejor manera más adelante, todos los diccionarios del mundo no dudan en registrar como el único sensato. Los diccionarios: ¡la conciencia colectiva! Pero osaría decir algo más. Tengo la impresión de que también los modelos diversos que la reflexión del siglo xx ha elaborado sobre la comunicación, al margen del que hablamos o contra del mismo, no sean de este una negación, sino un simple ocultamiento y complicación. En algún punto intentaré implícitamente demostrarlo, citando como fautores de la "transmisión" precisamente a autores conocidos en general por haber eludido la atención de esta o del susodicho modelo binario. Implícitamente, porque el objetivo de este escrito es solo el demostrar la inutilización de la teoría de la transmisión como explicación científica de la comunicación, no el de ver su presencia tácitamente aporética en las teorías que pretenderían problematizarla.

Pienso también en quien más parece cercano a mí, incluso idéntico. La crítica con la cual, por ejemplo, Sperber y Wilson abren, en el libro titulado *Relevance: Communication and Cognition* (1988), el capítulo sobre la comunicación parece, como se verá, escrito por mí. Sí, vemos el mismo problema o anomalía, para decirlo con Kuhn. Y entonces idénticos, sí, pero solo hasta aquí: no en las teorías propuestas como solución científica del

     Luciano Nanni

problema. Ellos no creen posible una respuesta general (una teoría general) de la comunicación, que yo considero, por el contrario, posible; además, en lo que respecta al argumento específico en cuestión, es decir, la transmisión del pensamiento en la comunicación, ellos la niegan, sí, pero contradictoriamente presuponiéndola. No parece que se den cuenta que el "indicio", al cual asignan la tarea de revelar las intenciones de comunicar del hablante, que ellos salvan contra aquella que viene llamada la "teoría del código", puede ser indicio solo con base en un código, independientemente de cómo el código mismo se constituya.

Objeción que se puede extender a todo el modelo llamado "inferencial", pretendido como opuesto respecto al del código. Cosa que, de acuerdo con los mismos Sperber y Wilson, ya Searle hacía notar a Grice. Sin mencionar que también el *modelo inferencial* es, finalmente, a la par de aquel que prevé la transmisión directa del pensamiento, binario.

Otro libro cercano al problema que presento es *Entender las palabras*, de Tullio De Mauro (1994). El enigma es siempre el mismo: el misterio de la comprensión recíproca.

<blockquote>

Comprender un enunciado, comprenderlo verdaderamente, es siempre un caso de *problem solving*. Tan habitual para cada ser humano desde su nacimiento, tan habitual e intrínseco para toda nuestra especie desde hace cientos de miles de años [...] que de esta ordinaria dificultad ya casi nos olvidamos. Pero en tal olvido nos equivocamos. Existe, y se debe explorar analíticamente, una dificultad permanente del comprender lingüístico cada vez que estamos de frente a cualquier enunciado hablado o escrito que dé cuerpo a las frases y a los textos posibles en una lengua (De Mauro, 1994: viii).

</blockquote>

Dicho así, es precisamente también mi problema. De Mauro es incluso más explícito al respecto:

Un primer intento acomuna todos los escritos –él habla de los escritos contenidos en este libro suyo citado–: traer del cielo a la tierra la problematicidad de la comprensión. Comprender un enunciado lingüístico pone siempre un problema; más bien, una suma de problemas, independientemente de cuál sea el enunciado o cuál sea la pericia de quien lo recibe y desea entenderlo. Comprender es difícil, no solo de frente al enunciado hablado o escrito en una lengua extranjera [...] Comprender es difícil siempre (VII-VIII).

Solar, diría. Y nos acomuna también la intención de quitar crédito al modelo de la "trasmisión", que él llama "reflejo obligado" (IX). Pero tengo la impresión de que termine al final por moverse solamente *a latere* respecto a la centralidad que esta cuestión asume en mi investigación; si se quiere dispersándola, por un lado, en una infinidad de otros problemas, y ahogando, por otra parte, aquella que yo considero su única causa (macrocausa) en una enumeración casi inconmensurable de factores que, indicados simplemente a la par (no jerarquizados, en suma), terminan por quitarse recíprocamente todo poder explicativo, o cuando menos por atenuárselo recíprocamente en gran medida. Esto hace que algunas de sus explicaciones y algunos de sus ejemplos históricos parezcan similares a los míos, pero, precisamente, solo en apariencia. Sin decir, también, que me parece que termine por deslegitimar el modelo de la transmisión solo de manera retórica, si es verdad que, en la sustancia analítica, y por lo tanto científica, de su discurso, su deseo máximo sería el de recuperar:

[...] una ética de la comunicación lingüística que elija como su principio regulativo que la comunicación lingüística sea precisamente digna de su nombre: un modo, el más difundido y primordial y humano de los modos para poner en común los sentidos, las experiencias que se nos permite aprehender en nuestra vida (IX-X).

No veo, aquí, la diferencia con la teoría de la transmisión tan aborrecida. Los sentidos, las experiencias, no se ponen en común. O se hacen en común y todos los tenemos ya, o no se hacen en común y no hay comunicación que pueda hacerlos comunes. Pero no anticipemos. De este libro me viene, de cualquier manera, un gran conforto. De Mauro reconoce –y estamos en 1994, es decir, apenas ayer– que los lingüistas y los semiólogos están en grave deuda de escucha acerca de la comprensión. Se han ocupado en abundancia de la producción de los textos y de los discursos, pero bien poco de las cuestiones relacionadas con su comprensión. Y si se han ocupado lo han hecho con soluciones más o menos descontadas. Es lo que yo también pienso, especialmente respecto a las teorías lingüísticas y semióticas del siglo xx, y un similar reconocimiento de la actualidad de esta línea de investigación, la cual, pasando por las preciosas observaciones de Sapir y Whorf y alargando sus raíces a cuanto ya había visto como un clarísimo problema Gorgias (Dionigi, 2001: 51-56), no puede sino reafirmar todavía más mis convicciones acerca de su sentido y nuestro deber de ocuparnos de ella de manera cada vez más correcta.

Entonces, regresando a nosotros, digamos que la idea de que en la comunicación haya "transmisión" de pensamiento debe ser removida. Con consecuencias a 360 grados sobre los aparatos semióticos dados. Consecuencias que llamaría palingenésicas respecto a la exigencia de recomprensión como verdad, científica –se entiende– y por lo tanto siempre reproblematizable, de la política, de la didáctica, de la (¿y por qué no?) medicina, ya sea psiquiátrica u otras. Hay, en la moral, sutiles cuestiones de culpa; coactivas cuestiones de juicio y de valoración en la didáctica, de poder persuasivo (piénsese en la polémica respecto a la propiedad de las televisiones) en la política, etc. Cuestiones destinadas, todas, sobre esta vía, a ser radicalmente redefinidas: gérmenes para un libro general sobre la comunicación que, sin embargo, aquí, no se escribirá. Con la falsificación de la teoría de la transmisión se pondrá solo su presupuesto, dejando a un laborioso futuro, si vendrá, la tarea de deducir todo lo remanente.

En el umbral

"No hay deseo más natural que el deseo de conocimiento. Nosotros tentamos todos los caminos que puedan conducirnos a este. Cuando la razón nos falta, nos servimos de la experiencia...": así decía Montaigne en el íncipit de un célebre *essai* suyo (1580, vol. ii: 1422), pero yo creo que más optativamente que en realidad. En realidad, me parece natural, y precisamente con base en la experiencia, también el deseo contrario, el deseo de no rediscutir ya nada, el deseo de dar todo por conocido y arreglado. Y bueno, cierto, depende de los niveles. Hay niveles respecto a los cuales la constatación de Montaigne tiene más valor que para otros, científicamente y no. Y, en el interior de la ciencia misma, el discurso vale diversamente entre este y aquel sector de la experiencia. Pero la espada de Damocles de la credulidad siempre se abate sobre nuestro saber: el atrincheramiento detrás del *Ipse dixit* parece estar a la orden del día, y su indebida transformación en naturaleza (en ideología) es una praxis otro tanto común, si no es que más, respecto a aquella crítica contraria. De esto son prueba las defensas que, contra esta especie de esclerosis epistémica, digamos así, pensadores y científicos, determinados a argumentar lo nuevo, lo desconocido, lo no pensado, han considerado traer a colación. Ya sea con la inicial invocación al hombre reflexivo que hay en nosotros;

Luciano Nanni

ya con la invitación a escindirnos, interiormente, con la finalidad de podernos defender de las sirenas culturales que constituyéndonos nos albergan; ya invitándonos a la *epoché*, a la suspensión, al menos momentánea, del juicio sobre todo aquello que de momento parece convincente, para dar paso a una palingenesia que, aun cuando no se verificase –¡quién lo pudiera saber!–, no se encuentre ya bloqueada, por partido tomado, de entrada. Ya, finalmente, con el garantizar grandes escrúpulos metódicos, sustentados por reiterados controles y reconsideraciones (pensamientos repetidos). Cuanto más grande y repetida, más nueva se presenta, por así decirlo, la novedad. Escribía el reverendo Berkeley, disponiéndose a publicar aquella teoría suya sobre el conocimiento, considerada por él mismo como sorprendente:

> Me permito pedir al lector que no juzgue antes de haber leído todo el libro completamente *al menos* una vez, con aquella atención y reflexión que la cuestión tratada requiere. Porque no solo hay algunos pasos que, tomados aisladamente, pueden fácilmente (ni esto se podía remediar) ser gravemente malentendidos y por lo tanto se puede atribuir a ellos consecuencias del todo absurdas [...] sino que además, aun cuando se lea todo el libro, pero sin atención, es facilísimo que uno pueda engañarse sobre el significado preciso de lo que estoy exponiendo, mientras me complazco si conseguirá, en cambio, ser claro y evidente en todo punto para un lector reflexivo (1710: 5-6).

Y añadía:

> En cuanto a la novedad y a la extrañeza, que pueden parecer caracteres de las teorías que ahora expondré, espero bien que sea inútil excusarlas. Debe de hecho ser bien débil o bien poco experto de cosas científicas uno que rechace una idea que pueda venir demostrada como verdadera por la sola razón de que ha sido descubierta solo ahora y que es contraria a las opiniones consolidadas entre los hombres (*ib.*)

Es también lo que, *grosso modo*, Leibniz anteponía a la publicación de sus ideas, otro tanto atípicas; al menos, también aquí, respecto a la manera en la que el saber estaba ordenado en su tiempo:

> Desde hace diversos años he concebido este sistema y lo he discutido también con algunos hombres doctos [...] Luego he proseguido mis meditaciones según las ocasiones que se me presentaban, para ofrecer al público las opiniones bien ponderadas [...] Finalmente me he atrevido a realizar las meditaciones que siguen, si bien no sean en absoluto populares y no sean propias para ser gustadas por toda suerte de espíritus. Y he llegado a esta decisión para aprovechar de los juicios de cuantos son expertos en estas materias, porque sería muy embarazoso buscar y reunir privadamente a aquellos que estarían dispuestos a darme enseñanzas, que yo ciertamente aceptaría, con tal de que fuesen movidas por el amor a la verdad más que de la pasión por opiniones preconcebidas (1695: 189).

Y como Berkeley y Leibniz muchos otros, antes y después de ellos. Lo nuevo, lo impensado, no encuentra absolutamente fácil escucha. Más bien, si no consigue eludir en algún modo, con alguna astucia de la razón –se podría decir con otro bien conocido pensador–, el muro de los estereotipos coevos, corre el riesgo del rechazo en su desencuentro con ellos y de la autocondena al silencio y la desaparición.

Esto es lo que también me parece que debo tentar, disponiéndome a argumentar en modo atípico el contenido de este ensayo mío. Son cosas nuevas, generalmente impensadas (impensadas para la mayoría, quiero decir), aquellas que delinearé acerca de la ciencia y la comunicación, y sin un pacto de recíproco respeto y escucha entre mi eventual lector y yo; de recíproca apuesta, si se quiere, sobre nuestra seriedad mental, sobre nuestra recíproca, en suma, buena fe científica, podrían correr el riesgo de quedarse fuera de toda dimensión críticamente dialógica y por lo tanto perderse en aquel limbo de lo extravagante y de lo curioso, donde lamentablemente, debido a veces a la inexperiencia retórica del proponente, a menudo terminan puros "pensamientos" serísimos y de grande espesor teórico, corriendo el riesgo de permanecer sumergidos por tiempos inenarrables o incluso para siempre.

Ahora bien, no sé si mi impericia retórica alcance tales peligrosos niveles de alarma. En la duda, me valdré de aquella de los eximios hombres citados, dada, en la diferencia de habilidad (¡faltaría más!), la identidad del caso.

También yo he concebido las opiniones que aquí expondré acerca del común convencimiento en torno a la comunicación desde hace varios años, y las he discutido también públicamente en mis conferencias, como testimonian también algunas de ellas recogidas en este libro. He tenido como respuesta una prevalente perplejidad, o bien histerismos encendidos y rechazos, pero también implícita atención e inquietud, documentados precisamente por la incapacidad de los incrédulos de irse, abandonando la sala y a mí a nuestro destino.

Con la confianza, entonces, en que cuanto estoy por decir sea, no obstante todo, de interés común, querría aquí, recogiendo lo que por indicios ya he dicho en los escritos precedentes, intentar realizar finalmente un examen un poco más amplio y orgánicamente argumentado de estas cuestiones.

Pero antes, una última puntualización, útil a no enemistarme, justo al principio, con los sapientes. Una precisión acerca de "la mayoría", indicada anteriormente, a la cual pretendo dirigirme. Lo impensado de lo cual hablaré es tal, me parece a mí tal, respecto a los conocimientos del hombre común, no cierto a aquellos de los especialistas, cuando no ontologizan, también ellos, obviamente, aquel hombre común que llevan dentro. Y del hombre común actual. Respecto al pasado veremos que el discurso podría ser diferente. En el fondo, yo no he tenido nunca en la mira, aún en mis polémicas más encendidas, las ideas de este o de aquel teórico individualmente consideradas, sino siempre el uso común, del *Mundo 3*, se podría decir con Popper (1994, *passim*)[1], ya en sí independiente de los individuos, si bien con los individuos en continua y recíproca relación constitutiva, que de aquellas ideas los hombres, en su masa, hacen y han hecho.

Si acaso, culpa de los especialistas (de los científicos) es la de no haber nunca, en los casos, entendámonos, por mí considerados –incluido el presente–, hecho nada por propugnar una recepción crítica, socrática, diría, de sus teorías y de sus ideas, terminando también ellos por dejar que se sobrepusiera a ellos mismos (a ellos mismos en cuanto investigadores) aquel *mittel-mensch* que siempre, como hemos visto, también un científico lleva dentro, tan naturalmente propenso (con perdón de nuestro Montaigne) al mito y al autoencantamiento; en suma, a no mover nada y, en el caso de que algo se moviese, a aquietarlo, desinervándolo de la duda y haciendo de los pensamientos cosas, o bien solidez, precisamente, por naturaleza.

Lo que diré, a diferencia del argumento tan pretendido por Berkeley para su tiempo –para estar con los autores citados–, no ha sido descubierto solo hasta ahora, aun cuando, a mi parecer, nunca ha sido argumentado hasta sus últimas consecuencias; pero lo que es seguro es que ahora –y repito, *in primis* a nivel del *Mundo 3*, puesto que en los individuos no lo sé con certeza ni pretendo saberlo– ha sido olvidado.

---

[1] El *Mundo 3*, del cual Popper habla, no puede ser otra cosa, finalmente y también por admisión del propio Popper, que el mundo de los signos expresados y conservados, y por lo tanto aquel nivel de realidad que, por vía intersubjetiva y por lo tanto objetiva (es difícil lograr teorizar una objetividad diversa de la intersubjetividad en el interior de la ciencia), nos acomuna.

Luciano Nanni

Considero que sea bueno intentar rememorarlo, antes que todo para la ciencia, luego para la ciencia de la comunicación; y finalmente para todos aquellos niveles de nuestra experiencia que un eventual libro sobre la comunicación así delineado, se ha visto, debería terminar por tomar en consideración.

El problema diseccionado y puesto en claro

Comunicación, se ha dicho, y teoría de la comunicación. Con el primer término se indica una experiencia. Con el segundo, en cambio, el resultado de una reflexión: lo que nuestra mente, reflexionando sobre la experiencia de la comunicación, rumiándola –como he sugerido pensar en los ensayos precedentes–, considera encontrar en ella de inteligible y, por lo tanto, en cuanto tal, de sustentable en su explicación (descripción profunda). Pues bien, para no andarnos por las ramas e ir inmediatamente al punto, aun cuando el punto pueda no ser tan inmediatamente de fácil digestión, reitero que la comunicación es, sí, una experiencia, que todos hemos tenido y a la cual hemos accedido, pero que la explicación estándar que hoy dan de ella la lingüística y la semiótica parece decididamente insostenible; digamos, incluso, falsa.

De que la experiencia de la comunicación sea un hecho no hay dudas: algo juntos, como ya he subrayado –también aquí me repito– en alguna parte, hemos logrado y logramos hacer. Logramos juntos, no sé, tomar un tren, organizar un congreso, establecer reglas concernientes a la comunicación misma. ¡He logrado incluso ponerme de acuerdo con alguien para publicar este escrito mismo! Y luego, vamos, mi confianza en su posibilidad, ¿no está implícitamente avalada por mi apuesta de poder decir estas cosas a mi lector? ¿Qué

sentido tendría, de otra manera, tal fatiga? ¿Si considerase, en suma, su fin ya como negado en línea de
principio, de entrada? Evidentemente no es así. Algo
que nos acomuna debe al menos suceder, pero que este
algo tenga la forma lógica descrita por la actual teoría
estándar de la comunicación es cosa totalmente por
demostrar.

Comunicación. La experiencia en sí (como toda experiencia) no tiene nombre. No se nombra sucediendo.
Sucede y basta. Si se nombra lo hace ya saliendo de sí
y teorizándose, observándose, mirándose (no se olvide
que, según la etimología, el teórico es solo alguien que
mira), y entonces se describe, se rumia, y así, en algún
modo y en algún nivel, se explica. No hay nombre sin
alguna implícita teoría que lo ponga y, viceversa, no se
da teoría que no termine por esconderse, si es que no
nace ya así, comprimida, apisonada, dentro de algún
nombre. Nombre y teoría están entre sí ligados con hilo
doble, y rechazando uno no se puede no rechazar también a la otra. Por lo tanto: la refutación de la teoría
corriente de la comunicación, aquí programada, debería arrastrar consigo también al nombre de "comunicación", dado a la experiencia en cuestión, hacia la cancelación; con no pocos, de momento, para mí, problemas
de lenguaje.

Me encuentro con una experiencia real. Tal experiencia tiene un nombre. Tal nombre es función de una
teoría de esta experiencia que está a punto de ser re-
futada. Por lógica, entonces, se necesitaría también un
nombre distinto para indicar tal experiencia, pero solo
una teoría diversa (por los estrechos lazos que, según
hemos visto, existen entre teorías y nombres) podría
generar este nombre diverso. Teoría diversa que, sin
embargo, de momento no existe o que, de cualquier
modo, de momento, en plena *pars destruens*, no debería,
aun cuando existiera, ser enunciada. No queda enton-

                                          Luciano Nanni

ces otra alternativa que usar el viejo nombre, suspendiendo no obstante cualquier valencia explicativa suya. Usarlo y al mismo tiempo no usarlo, en suma: ponerlo, por decirlo así, en hibernación. Cosa que las comillas pueden hacer muy bien, y así permitirme recorrer desde ahora la redacción de los resultados de esta investigación mía hablando de la "comunicación" sin necesariamente pensarla como tal, o bien, como precisamente tal término nos invita a pensarla en la actualidad. ¿Y cómo se piensa la "comunicación" ordinariamente, llamándola comunicación? ¿Cuál es la teoría corriente (estándar, precisamente) de la "comunicación"? ¿Dónde mirar (y estamos en el punto) para saberlo?

Bien. Queriendo buscar la disposición de una conciencia común, lo que en la conciencia común es, precisamente, comúnmente pensado, no se puede sino mirar en los sitios –para estar con un término hoy muy de moda– donde esta conciencia común se manifiesta como tal. Comunión que, en este caso, parece –veremos– verdaderamente universal. Y, como se anticipaba, ¿qué sitio es más común para todos que el diccionario?

¿Pero por qué diccionario y no diccionarios, en plural? Porque en relación con lo que aquí está en juego no se dan, precisamente, hoy, diccionarios, sino un diccionario, uno y solo uno. Sí, los diccionarios existen, físicamente diversos, pero en lo que respecta al modo de pensar la comunicación se presentan ahora uniformados en un único modelo, en una única lógica, y por lo tanto en esencia recogidos precisamente *en uno*, aun cuando se encarnen en materia lingüística y en formatos físicos diversos.

Imagine ahora nuestro lector, cualquiera que sea la lengua y la nación a la que pertenezca, que no sabe qué cosa signifique el término "comunicación" y, por lo tanto, que deba ir a buscar su significado en su diccionario, en el diccionario de su lengua. ¿Qué explicación encontrará? ¿No acaso, más o menos, "acto de *transmitir* pensamientos, ideas, noticias", y de consecuencia, "mensajes" a otros? ¿Y "mensaje"? ¿No acaso, circularmente, "noticias, pensamientos, ideas, conceptos comunicados a alguien", cualquiera que sea el medio usado? Así, en nuestros diccionarios italianos, franceses, españoles, alemanes, ingleses, americanos y rusos; y de tal manera, tengo buenas razones para creer, en cualquier otro diccionario de cualquier otra lengua de este mundo. De cualquier otra lengua en la cual exista, obviamente, la palabra "comunicación", ya que en caso contrario se trataría de lenguas (de realidades) por principio excluidas de mi discurso y por lo tanto inutilizables para limitar su extensión a lo universal (sincrónico, se entiende). Un discurso se hace valer siempre para algún universo de discurso, pero para un universo de discurso que sea en línea de principio el suyo, no de otros. No se puede usar, qué sé yo, la primera cruzada para reducir al no sentido un discurso acerca del universo de los planetas, sin llegar a presuponer que en algún modo cruzadas y planetas sean de hecho la misma cosa. Es para el ámbito, en suma, de la "comunicación" y de su actual definición, y solo para este, donde quiera que este se extienda, que mi discurso pretende valer, no para otra cosa. Definición de la "comunicación" que ha llegado el tiempo, en sus mecanismos pensados de fondo, de explicar y de ver cómo entre ellos, tales mecanismos, se ensamblan. "Comunicación" obviamente en sentido estrechamente lingüístico-semiótico, con la exclusión de su campo semántico de las significaciones de aquellos "movimientos no semánticos" que, para Derrida, por ejemplo, podrían haberse incluido (1972: 393-424).

Tendríamos entonces, según la teoría estándar en cuestión, de la parte del emisor (del hablante) una *codificación*; la unión, en suma, de un concepto (de una

                    Luciano Nanni

serie de conceptos) con una materia física (con un significante) y su transmisión, su envío, en forma de paquete, digamos, a un destinatario, el cual, recibiéndolo, lo decodificaría (lo abriría), quedándose con el contenido (los conceptos, el pensamiento) y dejando el vehículo que se lo ha llevado, la materia física, el significante (el sonido, en el caso de la lengua verbal, el rastro visual en el caso de la escritura, etc.), ya inservible, a su destino[2].

Pues bien, por muy poco que se quiera verdaderamente pensar, esta es una explicación que no está en pie. Es la explicación, el modelo de la comunicación, obviamente simplificado hasta los huesos y en mínimos términos, que nuestros hijos han estudiado y hasta la fecha estudian en nuestros libros de escuela y de todo el mundo homologado al nuestro; pero, repito, por muy poco que se piense, fácilmente se puede caer en la cuenta de que no se mantiene. Veamos.

Si, por ejemplo, digo la palabra "perro", de mi boca no sale ningún perro, ningún animal en carne y hueso. Y hasta aquí estamos todos de acuerdo. Ninguno de aquellos que, en mis conferencias, me escucha, me crea, hasta aquí, ningún tipo de problema. Hasta aquí todos de acuerdo. Pero, pensándolo bien, no sale tampoco el

---

[2] Es cierto que Jakobson, quien indudablemente tiene mucho que ver con la estandarización, precisamente, de esta teoría, en un conocido lugar suyo hace del receptor (del destinatario) el lugar de la incertidumbre comunicativa. Si yo digo "miglio", él ejemplifica (1963: 71), el receptor, a diferencia del emisor, no sabe si pensar en el miglio-gramínea o en el miglio-medida itineraria; pero también es cierto que: a) se trata de una incertidumbre más de diccionario que de *parole* (en términos saussurianos), de discurso, en suma, y que el discurso mismo, con su inevitable contextualización, quitaría de en medio. Si la palabra "miglio" fuese, de hecho y por ejemplo, insertada en la frase "mi canario necesita miglio", el término no podría significar otra cosa que "gramínea". No hay dudas. Y, b) sobre todo es verdadero que, en todo caso, Jakobson no pone en duda la convicción de que algo sea transmitido, tanto es así que subsisten un emisor y un receptor, y con ellos la idea de que algún concepto, con todo y su indeterminación, sea transmitido de uno a otro.

concepto de perro. Ningún pensamiento, ningún concepto sale de mi boca cuando hablo. Ningún concepto es enviado por mí, emisor, a mi destinatario. Solo un proceso físico activa mi boca; el destinatario registra solamente las ondas sonoras que mi boca pone en movimiento, pero, conceptos, de ningún modo recibe. Y aquí las cosas, para muchos de mis oyentes y, pienso, lectores, comienzan a volverse, en cambio, complicadas e inquietantes. Si la teoría en cuestión, cuando habla de este pasaje, quiere verdaderamente decir lo que dice; pues bien, parece propiamente que diga, claramente, una falsedad. Luego, si no quiere decir esto sino oscuramente otra cosa; bueno, pues es asunto suyo. No me importa, ya que es esto lo que nuestros jóvenes, lo que todos los hombres comunes, habitantes del susodicho *Mundo 3* popperiano nuestro, realmente piensan de la "comunicación", y es precisamente la falacia de este pensamiento la que querría, un poco, con este escrito mío, hacer emerger.

Pensemos, por lo demás, en nuestros espectáculos televisivos, aquellos de entretenimiento. ¿Qué hace el "mago" que quiere demostrar el poder de transmitir el pensamiento? ¿Qué hace? *Calla*. Paradójicamente, se podría llegar a decir, a reconocer, que el hecho de que nosotros hablemos, emitamos, en suma, sonidos, es la prueba más evidente de que, precisamente hablando, no transmitimos pensamientos. Paradójicamente, sí, pero ¿por qué asombrarnos? ¡Acordémonos de Berkeley!

Problema científico y paradoja son siempre la misma cosa. Problemática es una experiencia que desatiende nuestras expectativas, que va contra aquellas que son nuestras opiniones al respecto, y paradoja en la etimología no significa propiamente nada más. Hacer ciencia significa, así, restituir el acuerdo: el acuerdo entre nuestro saber, nuestra mente consciente y nuestra experiencia, restaurando su acoplamiento y, con este, quitando

                                      Luciano Nanni

el problema. Siempre hasta prueba contraria, se entiende, y siempre (aquí seguramente) generando otros, diversos; pero la ciencia así vive.

Ahora nuestro problema aparece claramente. Tenemos seres vivientes (hombres, en nuestro caso) que, aun no transmitiéndose conceptos, demuestran en algún modo, por ejemplo, a través de los hechos, que piensan al unísono. Pero al unísono a través de aquella operación que llamamos "comunicación". Es, así delineado, un problema exquisitamente semiótico, y, más profundamente, de filosofía del lenguaje (¿cómo es posible tal comunicación?) y a tal problema, solo a este, mi escrito quiere intentar responder, no a otro. Rogaría a mi lector no olvidarlo. No está en cuestión, aquí, la posibilidad de la coexistencia de los mismos conceptos en mentes diversas en situación *silenciosa*, sino *su coexistencia a causa de la activación de aquel proceso físico que nosotros llamamos "comunicar"*, que puede coincidir con el hablar, el leer o el hacer gestos, etc. Proceso físico sin el cual, de "comunicación", en nuestro sentido, humano y terreno, no se puede hablar. Nos lo precisaba ya santo Tomás, muy bien. "Hablar es manifestar a los otros los propios pensamientos", sin embargo, precisaba: "también cuando la voluntad dispone un concepto de la mente a ser manifestado a alguien más, este no es de inmediato conocido por este interlocutor y, de hecho, para que esto suceda, se requiere el uso de signos sensibles"[3]. Este es, aquí, nuestro (mi) problema: explicar la presencia de los mismos conceptos en dos mentes separadas (la del hablante y la del oyente) a causa de la activación de aquel proceso físico que resulta propiamente, también

---

[3] "Unde cum etiam voluntas ordinat conceptum mentis ad manifestandum alteri, non satim cognoscitur ab alio, sed oportet aliquod signum sensibile adhibére" (santo Tomás, 1985, parte i, q. 107, a. 1).

él, de la "comunicación" así entendida y que llamamos significante o cadena significante o señal (cadena de señales), como se quiera llamar[4].

Es útil tener presente cuanto he dicho para desenmarañar nuestro problema de una miríada de otros problemas a él inevitablemente conectados, y saber al final que solo a este se ha intentado responder aquí. No a otros. Y para evitar, además, de poder ser acusados de no responder a cuestiones que, con este puro plano semiótico, en el cual mi discurso pretende situarse, nada tienen que ver. Este se cruza, de hecho, *naturaliter*, con el problema, por ejemplo, de la relación cuerpo-mente (antes que todo, ¿existen estas dos realidades? Y, si existen, ¿"comunican"? Y si "comunican", recuérdese a Descartes, ¿dónde colocamos su recíproco atraque?), pero después lo deja inevitablemente a sus espaldas. Aquí no se trata, de hecho, de entender cómo en general la materia física y el pensamiento pueden hacer sistema, sino cómo, dados dos hablantes, pueda un concepto, pensado desde el emisor, aparecer en la mente del oyente a consecuencia de una simple estimulación física (sonora, visual, táctil u otra) activada por el emisor mismo. Después de haber eventualmente echado luz, si fuese necesario, sobre el proceso de significación, es decir, sobre las modalidades de articulación del *continuum* del pensamiento, precisamente, en conceptos. Nada más. No hay, creo, quien no pueda ver como todas las respuestas posibles a la pregunta respecto a la llave de la relación cuerpo-mente (pensamiento), cuestión hacia cuya solución, por lo demás, los

---

[4] Pero, rigurosamente hablando, sería mejor decir "ondas sonoras", "impulsos luminosos", etc., en lugar de señales. Pensándolo bien, las señales, en la medida en la cual reenvían a algo más, son ya también ellas signos y como tal no están fuera, sino dentro de todo cuanto en torno a los signos se ha y se está diciendo. Y, además, ¿qué quiere decir normalmente señalar? ¿No, acaso, hacer señales?

     Luciano Nanni

no lejanos experimentos de Eccles parecen haber dado un buen paso hacia adelante (Popper, 1994: 175-178), no sean directamente sacadas a colación, sino se pongan en el fondo como antecedentes respecto a nuestro problema semiótico. Serán entonces inevitablemente miradas en la medida en la cual responderán a aquel problema respondiendo a este (al nuestro), pero no, repito, directamente en sí y para sí. En sí y para sí no nos conciernen.

Además, es inevitable que nuestro problema se encuentre también con el del origen mismo del lenguaje, preocupación no menos secular (¿de dónde viene el lenguaje? ¿De Dios? ¿De la naturaleza? ¿De la historia?, etc.). También este resulta implicado, sí, pero nosotros lo dejaremos solo como fondo. No se trata, para nosotros, de entender en sentido estricto cómo nacen los conceptos, sino como, he aquí el punto, devienen semiosis. Aun cuando no necesariamente la respuesta al segundo problema no signifique en cierto sentido también una respuesta al primero. Pero cada cosa a su tiempo.

Más relajados parecen, en cambio, los lazos con las cuestiones, de nuevo en auge, para nosotros, hoy, de la lengua universal y, con esta, de la lengua perfecta y originaria. En el fondo, ¿quién puede negar que dentro de cada práctica comunicativa se encuentre una más o menos explícita aspiración a ser cada vez más perfecta y, por qué no, universal; y también, al menos en ciertas situaciones de particular *pathos* e intensidad, original, y entonces, como recuperado *omphalos* vital, originaria?

Veremos. Si es necesario, se profundizará mientras se avanza. Bien. Alguien, sin embargo, podría ya desde ahora sentir que no puede estar propiamente en mi discurso. Al menos de manera tranquila. ¿Cómo? ¿Pero no está el código, podría pensar, para garantizar todo, para garantizar tal común asociación de concepto y expresión, de significado y significante? ¿No está el código para garantizar la comunión de los conceptos y por lo tanto la "comunicación" entre los hablantes? ¿No es esto lo que nuestras escuelas dicen y enseñan? ¡Eh! ¡Eh! ¡Sería bello si la cosa se pudiese resolver así! Bello, bello, pero demasiado simple. Se trata, de hecho, de una recurrente alucinación, que puede ser quitada de en medio, deconstruida; de la misma manera, por ejemplo, en la que Spinoza elimina la ilusión de que Dios se haya tranquilamente dado a conocer a los hombres a través de la práctica del hablar, en el sentido en el cual nosotros la entendemos; a través de palabras, en suma:

> Ya que por lo tanto establecemos una tal comunión entre Dios y el hombre, será permitido preguntarnos cómo es que Dios se hace conocer por los hombres, y, si esto sucede o puede suceder por medio de las palabras o inmediatamente y sin ningún intermediario [y agrega], por lo que respecta a las palabras, respondemos absolutamente que no; en caso contrario el hombre habría debido conocer el significado de estas palabras antes de que le hubiesen sido manifestadas (Spinoza, 1953: 120-121).

Una circularidad viciosa y asfixiante la que individua Spinoza, que se encuentra idéntica dentro de la convicción de que la transmisión de los conceptos pueda ser garantizada por el código común a los hablantes. ¿No es una convención el código? ¿Y una convención no es un acuerdo? ¿Y la constitución, la fundación de un acuerdo no requeriría ya, en nuestro caso, lo que este debería instituir y garantizar, precisamente, la transmisión de los conceptos? ¿De otra manera, cómo hacer para ponerse de acuerdo? Pretendiendo la "comunicación" como una transmisión de pensamientos, también el código no puede sino ser pensado como su consecuencia. No puede hacer otra cosa que seguirla: no precederla. Y deviene así inutilizable como explicación suya. No es que el códi-

                                        Luciano Nanni

go, como bien veremos, no exista. ¡Existe! ¡Claro que existe! Pero su constitución y su función van pensadas diferentemente.

Me viene, sin embargo, una atroz sospecha. ¿Encontrará mi lector, aun meditándolo, tan perspicuo el hecho de que, de un emisor a un destinatario, en el proceso de "comunicación", llegue solamente una señal física y nada más: ningún pensamiento, ningún concepto? Yo he considerado hasta aquí que bastase convocarnos a reflexionar por un momento sobre esto para que todos nos diéramos cuenta de ello, pero experiencias recientísimas lamentablemente me han convencido de que tal vez esta simple reflexión pudiera no bastar. De hecho, recientemente he contado a un amigo cuanto vengo escribiendo, dando por descontado que, al menos hasta aquí, fuese, por así decirlo, solidario conmigo; dando por descontado, en suma, que hablar con él al respecto era como hablar conmigo mismo. Y, en cambio, no; me he amargamente sorprendido: no me seguía en lo absoluto. ¡Por el contrario! El pensamiento también para él, en la "comunicación", es transmitido. ¡El lector se figurará mi sorpresa, por no decir desconcierto! No se trataba, de hecho, de una persona cualquiera, sino de un especialista en la materia. Un amigo, autor de ensayos lingüísticos, semiológicos y de diccionarios, digamos así, de naturaleza transgresiva y desencantada. Ensayos y diccionarios para nada indoctos y por muchos estimados. Ahora bien –estoy pensando–, si es tan difícil ver, como lo es para este amigo mío, inmerso en la materia, cuanto a mí me parece obvio, figurémonos qué puede suceder con mi lector común. Y entonces, para todos, querría insistir en dar, sin ser acusado por los más sagaces de pedantería, un ulterior argumento utilizable para seguirme en este camino tan dificultoso desde el principio. No es que con esto piense que puedo hacer este viaje siempre en compañía; faltaría más.

Tarde o temprano, aventurándome en lo no pensado, es natural que me encuentre solo; pero así, inmediatamente, de entrada, me parece demasiado. Por lo demás, no es este el problema. Quien tema quedarse solo es mejor que renuncie a hacer ciencia, de entrada. Quien intenta hacer ciencia en serio viaja en territorios todavía no explorados por el hombre; y si explorados, del todo olvidados. ¿Cómo puede conciliarse esta mirada con la compañía? En estos casos, la necesidad de compañía enceguece, hace retroceder y puede llevar a indeseables compromisos con uno mismo y las verdades descubiertas. Lo que no quiere decir que uno no deba preocuparse por nuestros lectores. Si se escribe, ¿para quién se escribe, si no para ellos? Quiere decir preocuparse lo más posible para hacer "pensar" a todos lo que se cree ver, no uniformar nuestra mirada con aquella de quien no ve. Y es precisamente por esto, por no dejar a un lado a nadie, que me detendría aún sobre la constatación de partida que querría por todos compartida.

Las argumentaciones con las cuales podría involucrar a mi lector escéptico para convencerlo de esta ausencia de transmisión directa de conceptos de un emisor a un destinatario en la "comunicación" serían numerosísimas, pero querría limitarme solamente a una, que, a mi parecer, entre las más convincentes es la que está más al alcance de la mano (digamos de la mente) de cualquiera. ¡Atención! Si existiera en la "comunicación" transmisión directa de conceptos no existirían para nosotros lenguas incomprensibles. El problema de las lenguas desconocidas saltaría de golpe, como de golpe saltarían los problemas que más, en resumen, han turbado a los hombres; al grado, incluso, de hacerlos morir (piénsese en lo que se cuenta acerca de la muerte de Raimondo Lullo[5]). Las lenguas serían inmediatamente

---

⁵ "La leyenda cuenta que Lullo murió martirizado por los sarracenos, a los cuales se había presentado provisto de la propia *Ars*,

                                    Luciano Nanni

la lengua, una única lengua para todos, a todos comprensible y por lo tanto universal, originaria y perfecta. Pensemos en ello. Un paquete es un paquete y, –para continuar perspicuamente, creo, con la imagen popular y concreta del inicio– cualquiera que sea la envoltura y el país de proveniencia, su contenido es de inmediato alcanzable para nosotros. ¿Con la envoltura no es de inmediato aprehendido por nosotros también el contenido? ¿O no? ¿Por qué entonces en la "comunicación", así explicada por la teoría estándar en cuestión, tales paquetes (tales signos) provenientes de países (de lenguas) desconocidos (desconocidas) deberían continuar siendo paquetes perceptibles claramente en su fisicidad (gráfica, sonora u otra), pero de contenido inalcanzable y oscuro? ¿No deberían ser inmediatamente abiertos y evidentes en sus contenidos, en sus conceptos? Una vez dentro de nuestra cabeza, el significante físico, ¿no debería entrar también, con él, el contenido, el concepto, en suma, que estos signos vehiculan? De otra manera, ¿qué extraños paquetes serían los signos? ¿La envoltura física (el papel, qué sé yo) dentro de la cabeza y el contenido de los paquetes fuera? Aquí está: paquetes paradójicos. Tarea, sin embargo, de la ciencia debería ser aquella de disipar las paradojas (un problema científico, ya hemos visto, tiene siempre la estructura de una paradoja), no de crearlas.

Mejor, mucho mejor sería suspender este tráfico enorme de paquetes y paquetitos de contenido invisible y ver si esta zaborra de tráficos, en la cual la teoría estándar de la "comunicación" nos querría atribulados

---

considerada como un infalible medio de persuasión" (Eco, 1993: 62). ¡Figurémonos! Si no logró R. Lullo "transmitir" pensamientos (él, que tanto se había empeñado en individuar la lengua universal), ¿cómo pensar que pudiera conseguirlo aquel que ni siquiera se pone este problema? Dar por descontado que los pensamientos pasen de un interlocutor a otro no es la prueba de que pasen: es la prueba de nuestra deplorable credulidad.

y sumergidos, sea del todo alucinatoria y del todo eliminable, desde la raíz. Obviamente, repensando, y con mayor buen sentido –el nuestro, se entiende, ¿cuál otro si no?– toda la "comunicación" bajo todos sus aspectos. Repensándola, precisamente, a partir de la evidencia sensata, de la sensata experiencia, habría dicho Galileo, en la que los conceptos, entre los llamados emisor y destinatario, no pasan horizontalmente en absoluto. Esto, documentadamente y, por lo tanto, científicamente y solo científicamente hablando, se entiende. Pero esta vía y solo esta es la que aquí interesa.
Antigüedad del problema y teoría del "satélite"

Camino horizontal, transmisión horizontal cerrada, se ha dicho. ¿Por qué no repensar entonces una posible relación emisor-destinatario según un diverso modelo? No casual, se entiende, sino conjeturado, y esta vez verdaderamente por lo que es lícito pensar que suceda en la "comunicación", en la "comunicación" como consecuencia de cuanto hasta aquí es considerado.

Repensemos un momento los datos, en su conjunto y en sus relaciones. Quiero yo, entonces, "comunicar" a mi interlocutor el concepto de "perro". Bien. ¿Qué hago? Voy, digamos así, a mi conceptoteca mental (después de la biblioteca tenemos ahora la *paninoteca*, la *scarpoteca*, etc., ¿y por qué no, entonces, también la conceptoteca?); voy, en suma, adentro de mi cabeza, donde residen nuestros conceptos, tomo el concepto de "perro", lo asocio a un sonido, confecciono, en conclusión, aquel paquete del cual se hablaba y me dispongo a enviarlo a mi interlocutor. Acto de *codificación*, llama la teoría estándar en cuestión a esta operación, y está bien. Código, de hecho, viene del latín, y, sabemos todos, tiene que ver con el *ligar* varias cosas juntas, y así he ligado dos cosas: pensamiento y materia física; ¡concepto y sonido! Sí, he confeccionado precisamente

　　　　　　　　　　　　　　　Luciano Nanni

el paquete "signo". Bien. Repito, hasta aquí, nada qué replicar. Lo que no está bien es llamar *decodificación* al acto del receptor. Si es verdad, como es verdad, que a él llega solo el sonido, es también verdadero que él no recibe ningún "signo" ya constituido; y, por lo tanto, que no se encuentra de frente a ningún paquete ya confeccionado por *desligar*, por desanudar, del cual recuperar el contenido. Él no puede absolutamente proceder, en suma, hacia ninguna *decodificación* o apertura (desligadura, se ha dicho) de cuanto el emisor le habría enviado, porque de lo que el emisor ha ligado le es enviado solo una parte, aquella física y basta. Aquí la teoría estándar se equivoca, rigurosamente hablando, se entiende. ¿Pero puede haber ciencia sin un mínimo de rigor? Cierto, se puede, sí, metaforizar también en la ciencia, pero siempre para decir más precisamente lo que en otros modos sería indecible, no para desviarnos de ello.

De la parte del receptor no hay ni puede haber ninguna *decodificación*, sino *una segunda*, autónoma y libre *codificación*: cuando la "comunicación" se consigue, resulta del todo especular a la primera, a aquella del llamado emisor. Cuando no se consigue, resulta del todo diversa. No. Nada de codificación de una parte y decodificación por la otra, sino, repito, solo una *doble codificación*, misteriosamente, milagrosamente, al unísono en la "comunicación" conseguida.

Reflexionemos un poco: estamos envueltos por el lenguaje como estamos envueltos por la atmósfera, y si las cosas tienen alguna relación con nosotros, no pueden sino inevitablemente tenerla estructurándose en él; y a través de él nos aparecen así como nos aparecen. Si se quiere, por lo tanto, arrojarlas fuera del lenguaje, no se podrá hacerlo de otra manera que a través del lenguaje mismo. No es posible flanquearlo; no existen rendijas incontaminadas y laterales; como no existen, precisamente, para quien quiera dejar la tierra aventurándose fuera de la atmósfera. Y el lenguaje lo sabe. Tan es así que ha dispuesto palabras de las cuales uno se puede servir para arrojar las cosas al exterior del lenguaje mismo. ¿Para qué sirven, de hecho y, por ejemplo, palabras como "cosa", precisamente, "chirimbolo" y otras por el estilo? Son en un cierto sentido palabras paradójicas, se podría decir una negación del lenguaje a través del lenguaje, palabras capaces de relanzar las cosas fuera del lenguaje, neutralizando toda significación constituida para reentregárnoslas (indicárnoslas) de nuevo inocentes, con la finalidad de que nosotros podamos resignificarlas a voluntad. Es en tal sentido que, en este caso, uso los términos "misteriosamente" y "milagrosamente", en referencia a la experiencia "comunicativa". No para sustraerla de alguna explicación científica, sino para repulirla de aquellas que considero inadecuadas (la estándar en cuestión es una de ellas) y entregarla, si es posible, a una explicación diversa y más creíble. ¿Cuál es entonces el modelo diverso (la teoría diversa) a través del cual repensar más creíblemente, y por lo tanto científicamente comprender (desanudar) este "milagro", esta anomalía, se podría decir con Kuhn (1962, *passim*), de la "comunicación"? Si sorpresa y anomalía hacen sistema, una anomalía termina siempre por tener algo de milagroso.

Así, a primera vista, me vendría a la mente; más bien, me viene seguramente a la mente, el modelo de la comunicación por satélite, y no se crea que es una ocurrencia (no extrañe a mi lector) necesariamente peregrina. Veamos.

En la "comunicación" vía satélite hay "comunicación", pero no hay pasaje directo de imágenes de la fuente a la recepción. Pongamos: de América a Europa y viceversa hay "comunicación" televisiva, pero a través de *un tercero*, un garante, digamos (el satélite,

     Luciano Nanni

precisamente) de la presencia de las mismas imágenes en los dos lugares (fuente y recepción). ¿Por qué no intentar pensar también nuestra "comunicación" horizontal, digamos, hombre-hombre, según este modelo? ¿Quién o qué cosa fungiría en ella como satélite, como tercero o como garante, como se quiera decir? ¿Qué pensar? ¿Extravagancia? ¿Extrañeza posprandial? ¿Ocurrencia de un bello espíritu carente de ideas? Pues bien, si yo estuviera en el lugar de mi lector, tendría cuidado con abandonarme a tales juicios sumarios. No querría que después tuviese, el supuesto extravagante, legiones y legiones de pensadores detrás de él, y de ningún modo de segundo plano, convencidos como él de que algún recurso a un tercero sea necesario. Pensadores obviamente olvidados por la teoría estándar aquí cuestionada; pero ¡por qué hacer de inmediato del olvido un valor! A veces indudablemente lo es, pero a veces podría tratarse además de simple, burda, plana y perezosa ignorancia.

Basta pensar en Leibniz, por ejemplo: un verdadero triunfo de la teoría del "satélite". En lo que de otros refuta y en lo que para sí propone. Obviamente, siempre en relación con nuestro problema semiósico: la puesta en movimiento de conceptos a través de un trabajo sobre la materia física, sobre una materia diversa del pensamiento. ¿No refuta él, acaso, de los ocasionalistas el recurso, en este caso, a un "vigilante perpetuo" (*sic*)? Refutación, entendámonos, solamente de un particular tipo de "satélite" (¿el "vigilante perpetuo" no es acaso pensable como un moderno satélite?), no de la necesidad de postular un "satélite" en sí. Tan es así que, por parte suya, pone uno, digamos, más previdente y, se podría decir, decisionista; uno que quita de sí el deber de estar siempre ocupado en vigilar y favorecer los contactos comunicativos uno a uno, conforme van sucediendo (como en cambio habría debido hacer el citado "vigilante perpetuo" de los ocasionalistas); esto es, el Dios-relojero de su *armonía preestablecida*[6].

Ahora bien, no está aquí en cuestión, de momento, la cientificidad o no de tal propuesta. Está en cuestión la conciencia del problema al cual su propuesta busca dar solución. Problema que es precisamente lo que nuestra teoría estándar bellamente remueve. Conciencia presente, y por lo demás, prevalente en nuestro pasado. Cierto, todavía con el recurso a Dios como pauta de todas las posiciones asimilables a las que se han enumerado (por ejemplo, el Dios garante del sueño al unísono de todas las mentes de Berkeley[7]: a mi lector, por otro lado, dejo el placer de entretenerse encontrando otras); pero también en posiciones diversas, más laicas, digamos, como, qué sé yo, aquella que recurre a una idealidad trascendental única y común en todos los hombres, donde los individuos encontrarían su término medio, garante de su recíproco atraque. Pienso, por ejemplo,

---

[6] "Ya he dicho que se pueden conjeturar tres sistemas para explicar la relación entre alma y cuerpo, y son: 1) el sistema del influjo del uno sobre el otro, que es aquel seguido en las escuelas (nuestra teoría estándar está aún aquí, no se ha movido, N. d. A.) y que, en el sentido en el que comúnmente es entendido, yo, como los cartesianos, considero imposible (es claro que también Leibniz sufría nuestro problema, N. d. A.); 2) el sistema de un *vigilante perpetuo* (el satélite del cual en este escrito mío se está hablando, N. d. A.) que represente en el uno lo que sucede en el otro, poco más o menos como si un hombre estuviese encargado de acordar continuamente dos relojes mal construidos e incapaces de acordarse; 3) el sistema del acuerdo natural de las dos sustancias, como sería el de dos relojes bien construidos: sistema que yo considero posible cuanto aquel del vigilante y más digno del autor de estas sustancias, etc." (Leibniz, 1698: 212). Convicción en él arraigadísima, tanto que en otro lugar reitera: "No hay más que Dios [...] que sea causa de esta correspondencia de sus (de los individuos N. d. A.) fenómenos y que hace que lo que es particular en cada uno, sea público a todos: de otra manera no habría ningún lazo" (80).
[7] Véase, por ejemplo, cuanto dice Karl Popper (1994: 144).

                                   Luciano Nanni

en el Intelecto "público" de averroísta memoria[8] o también, repasando por terrenos teológicos-filosóficos, en la Torá pretendida platónicamente como el universo de los arquetipos, el lugar, en suma, de pronta unión de los intelectos separados; en las *Letras*, además, de la Cábala estática[9] e incluso en el Espíritu Santo (Grimm, 1991: 43) o, ¿por qué no?, en la figura del Ángel, el rostro sagrado del Hermes pagano. Tarea de los ángeles es también, para santo Tomás, aquella de desmantelar la discordia de nuestro pensamiento, de iluminarlo y de protegernos de las tribulaciones (1985, parte i, q. 113, a. 6 y 8). De aquí a deducir, también para ellos, un rol de satélite garante de nuestra humana comunicación –no se olvide que estos, si bien en diverso grado, confluyen todos en la mente única de Dios– el paso es muy breve y más que legítimo: ¿qué tribulación mayor que el sufrimiento generado en nosotros por nuestros recíprocos malentendidos e incomprensiones comunicativas? ¿Qué mayor discorde y atribulada soledad?

Bien. ¿Qué hacemos aquí con estos "satélites"? Nada y muchísimo. *Nada*, porque nos dejan desde el punto de vista científico en el punto de partida. El problema permanece científicamente sin respuesta. Concuerdo con Popper en considerar científica una teoría no cuando sea verdadera, sino cuando sea en algún modo posible para ella elaborar pruebas intersubjetivas de control. Pruebas difíciles de elaborar por los "satélites" aquí enumerados, fuera de su autopromoción fideísta y tau-

---

[8] Y también todas las teorías de la autonomía de lo que es colectivo (de la, por mencionar, conciencia colectiva de Durkheim a las teorías de los arquetipos históricamente formados y, en pocas palabras, a todas las teorías relacionables al citado popperiano *Mundo 3*) no pueden sino estar, en mayor o menor medida, sobre esta misma línea.

[9] Cfr., por ejemplo, Eco, 1993: 34-38. Libro de Eco, por otra parte, útil en general por su información sobre muchos de estos problemas.

tológica. Muy cierto, en suma, puede ser todo cuanto a través de ellos se pretende testimoniar, pero inutilizable desde un punto de vista científico. Obviamente según lo que yo, desde este punto de vista, considero. *Utilísimos*, en cambio, para reiterar la no peregrinidad del problema en torno al cual estoy trabajando: estos son, de él, síntoma luminoso y autorizado. Desde siempre los hombres habrían podido pensar que de un emisor a un destinatario viaja un concepto, pero se habían guardado bien de caer en una ceguera colectiva similar a la de hoy[10]. Las respuestas que hemos visto no serán aceptables científicamente como resoluciones científicas del problema en cuestión, pero son aceptables como pruebas de su presencia consciente. Hemos dicho pruebas solemnes y autorizadísimas, y tan autorizadas cuanto mayormente, históricamente, difundidas. Cierto, presuponen la recíproca irreductibilidad de las dos sustancias en cuestión: la *res extensa* y la *res cogitans*, para decirlo a la Descartes. Lo que los monismos filosóficos, por ejemplo, refutan. Para un monista, nuestro problema semiósico se resuelve inmediatamente en cuanto que ni siquiera surge, de inmediato no existe. Mover lo físico sería inmediatamente mover lo mental, tratándose de la misma cosa. Glosa Popper, comentando a Spinoza:

> Si miramos un cascarón de huevo desde el interior es cóncavo, si lo miramos desde el exterior, es convexo. Pero la concavidad y la convexidad son dos aspectos de la misma cosa. Spinoza sugería que, si miramos a la realidad desde el interior, esta es la mente, mientras que, si la miramos desde el exterior, esta es la materia (1994: 147).

---

[10] Me refiero a los hombres más reflexivos y conscientes. Hemos visto, de hecho, con Leibniz como ejemplo, que también en el pasado la "masa" (la escuela) no iba tanto por lo sutil.

Luciano Nanni

Sugestivo, pero estoy con Popper en su refutación (en la refutación de los monismos): refutación científica, se entiende (1994, *passim*). El dualismo es creíble (al menos en el nivel en el cual la "comunicación" se realiza; pero para Popper en general, me parece) y así el problema permanece. ¡Incluso más! Hasta aquí, científicamente hablando, parece verdaderamente que no se ha dado ningún paso adelante respecto a la solución "milagrosa" con la cual, desde siempre, desde las culturas llamadas primitivas hasta nuestros días, en oleadas recurrentes y sucesivas, lo ha resuelto la magia. Clavo un alfiler en un muñeco aquí y, allá, una persona cae por tierra por el dolor: elijo un concepto aquí, en mi mente, muevo alguna sustancia física y el mismo concepto aparece fuera de mí, allá, en otro lugar, en otra mente. ¡Magia!, ha sentenciado la cultura en sus albores: ¡prácticas verdaderamente mágicas la palabra y la escritura! Don benévolo de otros, de un tercero extra-experimental, ha sentenciado, hemos visto, la historia sucesiva en sus intrincados, divergentes y a veces muy diversos, movimientos. ¿Debemos verdaderamente estar con este resultado? ¿Debemos, para evitar los bajíos de credulidad de nuestra teoría estándar, resignarnos al milagro y a la magia? ¿Es posible que no sea posible (perdóneseme el juego de palabras) evitar este dilema atravesándolo? ¿Intentar, en suma, la vía científica de la sensata experiencia? ¿Cuál y qué cosa puede fungir como "satélite" por esta vía? ¿Cuál es el "satélite" en la experiencia? El modelo indirecto, ya se ha visto, es exigencia también de la ciencia. Naturalmente en fase de conjetura y hasta prueba contraria. De esa misma ciencia que aprecia su asunción por parte de las posiciones hasta aquí enumeradas, aun debiéndose rechazar sus contenidos de llenado. ¿Pero, es posible llenar este "satélite", esta función-"satélite" con un contenido, con una entidad en armonía con la ciencia? ¿Y si sí, cuál?

El "lugar" como garante

Garante, a la vez epistémico y semiótico. Garante entonces no solo de la "comunicación" interpersonal de los conceptos, sino también de su formación, de (y aquí los dos problemas, como se había previsto, se reencuentran unidos) su nacimiento, de aquella que usualmente es llamada la significación. No solo, entonces, del conseguimiento del discurso, sino también de lo que garantiza su posibilidad; en otras palabras, del famoso código (regresa aquí nuestra idea del código como entidad no primaria, sino a su vez garantizada por algo más). Más bien garante de este nivel antes que de la "comunicación".

Ahora bien, si esto es así, si del "lugar" estas cosas se pueden legítimamente pensar, este es la solución de todos nuestros problemas. Pero ¿por qué de los términos hasta aquí usados para nombrar al "tercero" de la "comunicación", la cual ya se ha explicado como no directa entre emisor y receptor, se ha elegido precisamente el de "garante", dejando de lado el que hasta ahora se había usado prevalentemente; es decir, "satélite"? Pues bien, se ha decidido así porque la imagen del satélite reenvía a un modelo explicativo de la "comunicación" diverso del lineal, propio de nuestra teoría estándar; pero no quita, todo sumado, de en medio la idea de la transmisión de los conceptos, del pensamiento, de un emisor a un receptor. Pasarán estos triangularmente por un tercer polo, pero aun así se presupone que deben partir de un emisor para ser finalmente recogidos, no obstante la sustitución de la relación dual por la relación triádica, por un receptor, lo cual es el residuo incuestionado que, al final y todo considerado, aún subsiste también en aquel celebrante del "tres" por excelencia que fue Peirce[11].

Encaminándonos hacia el final de nuestro recorrido, conviene, en cambio, apretar la "cosa" siempre más de cerca y repulir la teoría también de esta impureza. Impureza hasta aquí sin ninguna intriga, ya que hasta ahora nuestra preocupación era solo aquella de traer a nuestra atención la necesidad de pensar, para explicar la "comunicación", en un modelo triangular y no lineal; pero que ahora, en el momento de focalizar más detalladamente la "naturaleza" de los vértices de este triángulo y de sus relaciones, no puede ya estorbarnos más: todos los conceptos son contenidos del "satélite", del vértice medio entre emisor y receptor; del tercero, en suma, que deviene su madre y su custodio y en cuanto tal *garante* del encuentro en este y a través de este de los otros dos. Emisor y destinatario no se envían conceptos, sino se limitan a hacer algo para tener de ellos idéntica (y este, justamente, es tal vez el término adecuado, vista la correcta analogía que llega a instituir entre nuestro "garante" y un banco de datos para computadoras) visura. Rigurosamente, en esta teoría que estoy proponiendo del lugar: no sé si, y tal vez hasta aquí, también en las otras más arriba reportadas. Pero vayamos con orden.

Mientras tanto, la invocación del "lugar", queriendo responder al problema de partida según ciencia (esta, nuestra, occidental, galileana, se entiende; ¿y cuál otra si no?) era inevitable. Es consecuencia de la imprescindibilidad, para la ciencia, de poner atención a la (a partir de la) *experiencia*. ¿Y puede darse, en este nuestro

---

[11] "Cuando una idea es transmitida de una mente a otra", dice sin temor en *La ley de la mente* (1892: 230), y así por el estilo tranquilamente en otros lugares.

mundo físico, experiencia, sin un lugar que estructuralmente propio concurra en su realización? Kant nos aña-
de también el tiempo, que, de momento, aquí no interesa. Y sobre todo querría dejar a Kant *to the borderland*,
ya que con su "espacio" se corre el riesgo de introducir
en mi "lugar" una metafísica que no quiero absolutamente que aquí estorbe. Lugar, por lo tanto, inevitable
de frente a la ciencia.

Tercero, por ejemplo, para dos interlocutores esquimales es, de hecho, el hielo; es el lugar donde viven
y trabajan, es la nieve-ambiente –ambiente, de nuevo,
si se quiere, propiamente en el sentido con el cual se
usa–, y la analogía se confirma con el lenguaje de las
computadoras. Conjeturemos en origen, a nuestros
esquimales, con el *continuum*, dirían los lingüistas, de
su pensamiento aún intacto. ¿Quién habrá articulado
tal pensamiento suyo en conceptos? ¿Acaso su necesidad de expresarse? Absolutamente no. Creo, antes
que todo –y me parece evidente–, su *necesidad de vivir*. Imitando a la filosofía se podría propiamente decir también aquí: *primum vivere deinde loqui*. Y, para
vivir, su inevitable necesidad de ajustar las cuentas
con la nieve y con el hielo. ¿Necesidad de uno (esquimal) y no de otro? No. Necesidad idéntica para
ambos, para todos los esquimales, necesidad común.
Es el hielo, entonces, el que articula su pensamiento
en conceptos: hielo común, conceptos comunes. Tantos cuantos sus vitales prácticas de la nieve exigen.
¡Atención! No dos conceptos idénticos: uno en la cabeza del emisor y el otro en la cabeza del receptor, sino
un único concepto habitante en dos cabezas físicamente
diversas, porque común es la *práctica*, y *única*, a través
de la cual el concepto se forma. De lo cual, no dos,
no tres, no cuatro, etc., cabezas, sino, *epistémicamen-
te* hablando, una *única cabeza*, una única organización
sustancial (siempre para decirlo con los lingüistas) y

                                             Luciano Nanni

formal del pensamiento, organización históricamente determinada que se manifiesta en tantas cabezas físicamente diversas. La mente colectiva precede, en suma, a las individuales. Verdad, también esta, que nuestro lenguaje ya conoce y sobre lo cual ya concordamos, si es verdad como es verdad que no tenemos problemas para usar sensatamente el término "mentalidad", que significa precisamente solo cuanto apenas se ha dicho.

Hasta aquí en relación con la formación de los conceptos. Desde el punto de vista epistémico, en suma, el emisor no es este o aquel esquimal, este o aquel individuo generalmente hablando, sino la naturaleza del lugar: para los esquimales el hielo; para los tuaregs el desierto; para los pigmeos el bosque, y así por el estilo. Es la naturaleza del lugar la que selecciona las necesidades del pueblo que lo habita y se las restituye, se las emite, en conceptos. Lugares diversos, conceptos diversos. Es sabido, regresando, por ejemplo, a nuestros pigmeos, que su sistema de términos para hablar del bosque no es sustituible con el nuestro: ellos tienen términos que nosotros no tenemos y viceversa. Natural: los pigmeos hacen todo en el bosque, viven ahí, y es por lo tanto obvio que de este pertinenticen las características (un concepto es siempre una pertinencia[12]) de modo diverso al nuestro. Desde este punto de vista muchos modelos lingüísticos, comprendido el saussuriano, tendrían que ser revisados y con ellos la génesis del signo mismo conectada con la arbitrariedad.

No es la lengua la que recorta directamente y en vía primaria en conceptos la nebulosa del pensamiento (Saussure, 1962, *passim*), sino la vida, la relación vida-ambiente (comprendidos en el ambiente nuestros se-

---

[12] *Pertinencia*, noción especificadamente lingüística, que puede, sin embargo, tener inmediatamente valencia epistemológica de relevante importancia. Fundamentales al respecto las reflexiones de L. J. Prieto, quien fue titular de la cátedra que fue de Saussure en la Universidad de Ginebra y, por desgracia, recientemente fallecido.

mejantes y nosotros mismos respecto a aquella parte de nosotros que la vida debe activar). ¿Y cómo puede ser un recorte vital arbitrario? La génesis del signo, por la parte de su contenido, es decir, del concepto, aparece fruto de necesidad, fruto de la necesidad profunda de la vida y por lo tanto simbólica. No arbitraria. Arbitrario puede ser (y no hay quien no entienda que aquí se está yendo obviamente más que de prisa y en general, pero ¿qué se puede hacer? El fin aquí es, evidentemente, otro) el modo con el cual, después, en el signo, tal concepto termina por ligarse a un sonido, naturalmente convertido psíquica y mentalmente también este en significante. Venga de donde se quiera o como se quiera; tan al azar cuanto se quiera, quiero decir, la materia usada como significante: aquí no hay ninguna necesidad ligada al concepto por expresar. La arbitrariedad puede aceptarse y ser creíble precisamente a partir de la diversidad de las lenguas. Pero solo, justamente, *in primis*, digamos, porque después, de inmediato, la necesidad de expresarse (aquí sí) y la imitación (imitación interpersonal de los sonidos) se encadenarán, necesariamente, con ella; de inmediato, repito, y a partir de ese momento en adelante. Y me imagino, otra vez, esta cadena en triángulo: triángulo entre *invención*, por un lado, y la *imitación* (imitación física, ¿qué otra cosa si no?) por otro; teniendo en medio, y de nuevo como *tercero* dirigiendo el acuerdo, al concepto anidado en la práctica común tanto en el "inventor" del sonido cuanto en su imitador. En conclusión tenemos la constitución del signo según el mismo modelo en triángulo con el cual, en el lugar, se constituyen los conceptos: el lugar *triangula* emisor y destinatario, a través de las prácticas, para el nacimiento de los conceptos; cada práctica, a su vez, *triangula* emisor y destinatario, mediante la imitación de los sonidos (la imitación implica siempre la invención, la recuperación y la individuación de lo

                                        Luciano Nanni

que se imita), para el nacimiento bifacial del signo, para el debido lazo, en suma, entre los significados (los conceptos) y sus expresiones (sus significantes)[13].

Como resultado tenemos el triunfo del lugar y de sus prácticas y la conversión de aquella, que hasta ahora hemos llamado "comunicación", en simple *autocomunicación* del lugar con sí mismo a través de sus habitantes. Cuestión, esta de la autocomunicación, que veremos mejor dentro de poco. Estemos mientras tanto en el triunfo del lugar.

¿Idea, también esta, al final tan peregrina, posprandial, etc.? ¿O, también, respecto a esta, es el pasado generoso de compañía? Veamos. Leamos, mientras tanto, qué sé yo, a Condillac:

> Mais, à mesure que les hommes se sont répandus sur la terre, il s'est formé des nations séparées qui, se conformant aux lieux qu'elles habitoient, se sont accoutumées à différentes manières de vivre, et dont les caractères ont été d'autant plus differens qu'il y a eu moins de communication entre elles (1798, IX: 22-23). [Pero, a medida que los hombres se extendían por la tierra, se formaron naciones separadas en las que, según los lugares que habitaban, se acostumbraron a diferentes formas de vida, y cuyos caracteres eran más diferentes ya que había menos comunicación entre ellos[14].]

Un verdadero triunfo del lugar, y a la Montaigne, también de los *usos* y de las *circunstancias* (otros términos para nosotros centrales). Él, de hecho, continúa:

---

[13] Arbitrariedad, que en algún modo el lugar otra vez asume, condiciona y, se quiera o no, dirige, a través de la natural proximidad con la cual este obliga a sus habitantes. Podemos imitar los sonidos percibidos, no aquellos que no nos alcanzan.

[14] La línea es la mía, aun cuando Condillac no parece llegar, y para mí de forma incongruente, a refutar (¡y he aquí una de las tantas posiciones esquizofrénicas ya indicadas!) la comunicación como transmisión de pensamientos.

Les circonstances modifient différemment ce caractère général [Las circunstancias cambian este carácter general de manera diferente] (cuanto de general nos viene de la naturaleza) et, par les circonstances, j'entends le climat... [Y, con las circunstancias, me refiero al clima...] (21-22).

Y todavía antes Simon, con su recurso a lo *útil* como principio estructurante de la racionalidad natural, diversificándola en varias lenguas.

Y todavía más atrás, en el fondo de la historia, Lucrecio: "At varios linguae sonitus natura subegit/ Mittere, et utilitas expressit nomina rerum" (1969, vv. 1028-1030). Y después, subiendo por los siglos, también (¡óigase!, ¡óigase!) san Agustín. El Agustín, quiero decir, que aun en la diversa mira de una lengua única y perfecta, pone *en las cosas* (a final de cuentas, se quiera o no, ¡las cosas no son las mismas en toda la tierra!) su principio constitutivo (Eco, 1993: 21). Y después, más arriba en la historia (mucho más) Hobbes, y Locke, y Montesquieu...[15]. ¿Pero por qué no dejar, también aquí, a mi lector la satisfacción de completar a placer suyo la lista: arriba y abajo, dentro de la historia, más allá de toda clasificación y escuela? ¡Dejémosela! ¡Dejémosle, esta libertad! Así se dará cuenta también de lo que divide aún esta línea (en todas sus posiciones) de la mía, a pesar de su marcada proximidad. No obstante todo, no obstante el descubrimiento del rol primario, desde este punto de vista, del lugar, del ambiente (precisamente de un tercero), se continúa tranquilamente a pensar (como ya se ha visto que sucede con Peirce) en la comunicación como un trabajo de transmisión horizontal del pensamiento puramente binario. Una suerte de esquizofrenia, diría, aquí y allá diversamente acentuada, que creo deba ser totalmente removida, buscando ver el rol de este ter-

---

[15] Se puede ver también el libro de Iofrida (1996, *passim*), que trata un poco acerca de todos estos problemas.

                                        Luciano Nanni

cero hasta en sus más extremas y fundamentales consecuencias.

"Comunicación" como autocomunicación

Autocomunicación del lugar consigo mismo hemos dicho, a través de la "comunicación" interpersonal de sus habitantes. Obvio, si, como parece, las cosas están propiamente como se han visto en las páginas precedentes. Al lugar corresponde, epistemológicamente hablando, una cultura, fruto precisamente de la cultivación recíproca (en este caso el término "cultura" se refiere a su etimología) hombre-ambiente. Y a la cultura corresponde inevitablemente una conciencia colectiva como profunda estructura suya.

Ahora bien, una conciencia colectiva –como, por lo demás, una lengua (pero, después de todo, ¿conciencia colectiva y lengua son cosas distintas?– no tiene cuerpo físico en sí, y si se manifiesta físicamente no puede hacerlo sino a través de los cuerpos de otros, más o menos como sucede a ciertos tipos incorpóreos de alienígenas en nuestros filmes de ciencia ficción. En nuestro caso, precisamente los cuerpos de los individuos que esta (la cultura, alguna cultura), poniéndolos en forma, recoge en sistema. Por consecuencia, cuanto hemos visto es inevitable: dado un lugar (una cultura), no son sus habitantes los que se "comunican" autónomamente entre ellos, sino el lugar (la cultura, esa cultura) que a través de ellos habla con sí mismo (con sí misma): "comunicación" evidente entre individuos como autocomunicación escondida del lugar con sí mismo, de una cultura con sí misma[16]. Autocomuni-

---

[16] Por lo demás, también lingüísticamente hablando, la *parole* saussuriana vale, como operación lingüística, en cuanto pertenece a una lengua; a un código, en suma; siempre en términos saussu-

cación, obviamente, donde *ningún concepto tiene necesidad de transitar*, de moverse desde alguna parte (no olvidémoslo: este era nuestro problema) ya que está presente desde siempre en modo idéntico en ambos interlocutores. Bien se hizo entonces en poner entre comillas el término "comunicación": no se comunica nada, solamente nos iluminamos al unísono –como el cañón de seguimiento en el teatro– en algo ya común.

También aquí surgen problemas inmensos. ¿Y el individuo? ¿Y su libertad? ¿Y su originariedad? ¿Y...? ¿Y...? ¿Y...? Todas cuestiones reabsorbidas prepotentemente a conciencia, que, sin embargo, otra vez, serán dejadas, aquí, afuera de la puerta. Dado y concedido, de hecho, todo (libertad, autonomía, voluntad independiente, etc., del individuo) queda el hecho de que, semióticamente hablando, la comunicación entre los individuos no puede sino resolverse así: en autocomunicación, repito, de la cultura (del lugar) que los constituye con sí misma, so pena de su recíproca incomprensión y por lo tanto el fracaso de aquella "comunicación" entre individuo e individuo, que tan vigorosamente se querría defender contra la temida despersonalización, fruto de la autocomunicación de la cual aquí se está hablando. Ciertamente. Ciertamente, también la autonomía del individuo es una experiencia. No hay dudas, pero no hay escapatoria: si es, como es, comprendida en cuanto tal, en cuanto tal va explicada no contra la susodicha plataforma común, sino solamente en ella y

---

rianos, a una *langue*. Rigurosamente hablando, todo *acto de* parole, o no es lengua, y entonces es simple *materia sonora* sin significado, presemiósica, en suma; o es lengua (un acto de lengua) y entonces es de inmediato código (*langue*) y solo de consecuencia discurso, *parole*. Esta inquietante identificación, que siempre ha quedado latente en la corriente reflexión lingüística y semiótica, por no decir reprimida, viene aquí, por este camino de la "comunicación" como autocomunicación de la cultura con sí misma, finalmente a la luz y en modo definitivamente inevitable.

                                   Luciano Nanni

por ella.

Es verdad, por lo demás, también esta, que los hombres saben desde hace tiempo y esta vez no solo a nivel alto, de estudiosos y especialistas en la materia, sino propiamente a nivel popular. Solo nuestra teoría estándar parece ignorarla y actuar incluso para hacer que llegue a olvidarla quien ya la sabe. Recuérdese el proverbio (y se sabe que los proverbios son la sabiduría de los pueblos): "¡mujer y bueyes de tus países!". Dejando de lado a los bueyes, ¿qué querrá decir tal proverbio acerca de la mujer? ¿No acaso esto, al marido, y obviamente viceversa?: ¿quieres una mujer con la cual estar de acuerdo? ¿Con la cual entenderte sin problemas? Pues bien, tómala de tu mismo país, de tu mismo lugar y estarás contento. ¿Y esta advertencia es acaso pensable que sea dada al interesado con la finalidad de evitarle la dificultad de relaciones a nivel de significante, de simple traducción sonora, en suma, de las expresiones de una lengua a otra? Puede ser también, pero no es seguramente su principal motivación, y solo a partir de una nuestra falsa conciencia puede llegar a convertirse en su verdadera razón. En realidad el consejo, todos intuimos, se daba por otra cosa, se daba para evitar al interesado de llegar a encontrarse en medio no a significantes, sino a conceptos (a significados) diversos a los suyos. Países diversos: pensamientos y conceptos (y valores, naturalmente) diversos. Personas del mismo país: no dos personas diversas sino una sola persona. ¡Matrimonio perfecto! Un marido que solo en apariencia habla con la mujer, mientras en realidad no habla sino con sí mismo. ¿Diciendo qué cosa? Esto, en sustancia: los conceptos que la relación con el lugar ha generado en él. Y lo mismo vale para la mujer. Conclusión: hablando entre ellos no se trasmiten conceptos, sino solo señales físicas para guiarse recíprocamente, teniendo en consideración la experiencia común y por lo tanto su banco-conceptos común, hacia la iluminación, hacia la "visura", hemos dicho, del mismo concepto[17]. A su, entonces, común *evocación*. Evocación, he aquí el término con el cual sustituir –me sugiere mi amigo y atento alumno Felice Palmieri– el término corriente de "comunicación". Y debo decir que, de momento, no vería objeciones de ningún tipo. El acuerdo es así, entre nuestros dos cónyuges, inevitable, so pena la caída del lugar mismo en esquizofrenia.

No vale la objeción de que muchas parejas coterráneas se separan. Esto porque culturas totalmente dentro de sí, originariamente incontaminadas, en suma, (¡he aquí la esquizofrenia!), no se dan ya. Todo cuanto aquí se está diciendo se dice –y ya no valdría la pena precisarlo, pienso– en línea de principio. No en línea de facto, donde precisamente las cosas jamás son tan netas y puras. Ni vale la objeción opuesta. Por ejemplo, aquella que pretende que parejas no coterráneas vayan muy de acuerdo (sucede), ya que, ahora, y son otra vez los proverbios que responden, "todo el mundo es país".

---

[17] Misma visura que, sin embargo, rigurosamente hablando, no aparece primaria. Aparece precedida de aquella implícita en la señal física (ya hemos visto que también las señales son signos) con las cuales nos guiamos para ver el mismo concepto. En la señal, en suma, que nos invita a tentar la visura común, parece ya albergar una visura común que podríamos llamar operativa, precisamente la invitación a recuperar al unísono aquel determinado concepto y solo aquel, y que podríamos llamar meta-visura, no porque no tenga el estatuto del concepto, sino porque se trataría siempre de un concepto instrumental, siempre al servicio de la recuperación de otros conceptos y nunca con fin en sí mismo. Con lo que el signo, incluso fuera del discurso, se presentaría como algo mucho más complejo conceptualmente de cuanto se querría: dentro de una misma señal (significante) tendríamos conceptos que reenviarían a conceptos. ¿Al infinito? No. No lo creo. La co-imitación de los hablantes que parece instituir los unos (los primeros conceptos) en signo, uniéndolos a sonidos comunes, parecería co-inscribir en ellos (en el signo mismo) también a los otros, aquellos de servicio, sin necesidad, para estos, de otros signos. La operación aparecería como una, si bien en varios niveles.

     Luciano Nanni

¡Tendría razón entonces –y es desde hace poco que siento rondar en la cabeza esta, a primera vista, posible deducción– el viejo idealismo! Autocomunicación de la Conciencia consigo misma, del Espíritu consigo mismo y nada más. Es, en el fondo, la constatación que se llega a hacer, por ejemplo, también en Gadamer y en otros que, en ámbito hermenéutico, han puesto atención al lenguaje. Ahora bien, de Gadamer y compañía no querría hablar aquí, pero por lo que respecta a lo que aquí estoy diciendo, pues bien, debo decir que la susodicha deducción solo es posible, precisamente, a primera vista, ya que reflexiones sucesivas, si bien rápidas, la quitan inevitablemente de en medio. La clave está en las iniciales de los términos: allá, en el idealismo, con mayúsculas (Conciencia, Espíritu), aquí, *chez moi*, con minúsculas, necesariamente. La frecuentación de este nivel semiótico me ha llevado a rozar lo Absoluto, pero al mismo tiempo me ha (nos ha) defendido con la simple e indeleble constatación de que cultura y lengua, radicadas a los lugares, no pueden sino ser diversas. ¿Y qué tiene que ver con cuanto aquí se está diciendo lo Absoluto? ¡A lo Absoluto se sujeta una lengua única, a su vez absoluta! Precisamente aquella lengua sobre cuya evidente ausencia entre nosotros se basa la pretendida sensatez de todo mi discurso. Recuérdese la prueba decisiva constituida para nosotros, para nuestro problema de partida (desde un emisor a un destinatario no pasan conceptos, sino solo sonidos), por la irreductible diferencia entre las lenguas.

Diferencia no reducida en nada –nótese bien– por su posible intertraducibilidad. Posible solamente –se sepa o no– a partir de alguna identidad de los lugares y por lo tanto de las experiencias a estos relacionadas. También la traducción, en suma, implica un garante. Las más de las veces escondido, sí, a los traductores, pero esto no quiere decir que no exista. Si la traducción funciona, está siempre. Y otra vez el lugar. Puedo llegar a entender lo que una lengua no mía dice si lo que dice está también en la mía, y por lo tanto si, en algún modo, su "lugar" es también el mío. ¿Qué podría saber un pigmeo de la nieve si no ha tenido nunca experiencia de ella; si no la ha ni siquiera visto? Un poco como sucede en la arqueología. Logro dar identidad a un hallazgo si consigo saber en qué práctica cultural estaba insertado. Con tantos saludos a la lengua (a la cultura) absoluta, disgregada entonces por cada lugar y por cada tiempo.

Este es *el trabajo del lugar* sobre la formación del código y, hemos visto también, sobre la "comunicación" resuelta, por virtud suya, en autocomunicación. ¿Sin otros problemas, más allá de los hasta ahora enumerados? Sí, sin otros problemas, hasta que no encontramos la vida de los signos en el campo del arte. Quiero decir en los lugares del arte (galerías, teatros, museos, etc.) con el efecto de abierta polisemia que los distingue. Hoy de seguro, pero en formas diversas también para el pasado. Es una cuestión de la cual me he ocupado mucho, tanto en los otros ensayos recogidos en este mismo libro como en mis libros precedentes, y que aquí querría dar, en sus particulares, por descontada, limitándome a subrayar que la susodicha autocomunicación, gracias a cuanto sucede en los lugares del arte, va pensada inmediatamente subdividida en dos tipos de autocomunicación: autocomunicación monosémica (uniforme e monosustancial), siempre para estar en los términos de la lingüística[18]; en suma, para todos) propia de todos los lugares que prevén un uso práctico e instrumental del lenguaje contra una autocomunicación plural y diferenciada (polisémica, precisamente) para todos los lugares de uso artístico del lenguaje mismo. El lugar "arte" disemina hoy en pluralidad el significado de un mismo texto, de una misma obra, y, entendámonos, no en diacronía, que sería cosa bastante normal (cualquier

---

[18] En particular, en los términos de L. Hjelmslev.

                                    Luciano Nanni

entidad termina por cambiar identidad en el curso del tiempo), sino propiamente sincrónicamente y sin que sea posible, de estos significados, privilegiar alguno en absoluto.

Con lo que se comprende cómo la función del lugar no sea solo aquella *epistémica*, es decir aquella, como se ha visto, de hacer presión, a través de su naturaleza (natural ya sea en sentido propio o artificial), sobre el *continuum* del pensamiento con el objetivo de que se divida en conceptos, sino también aquella *semiótica* de establecer después las reglas, las modalidades de uso semiósico ("comunicativo") de tales conceptos; aquella de establecer, en conclusión, si luego tales conceptos deban ser iluminados solo unívocamente (no se olvide el ejemplo del cañón de seguimiento en el teatro), como en la "comunicación" (autocomunicación) práctica, o si, en cambio, puedan ser desde más puntos de vista resignificados (resimbolizados) como sucede hoy, repito, en la "comunicación" (autocomunicación) artística.

¿Simbolizados de nuevo respecto a y en virtud de cuáles necesidades, de cuáles exigencias? ¿No hemos visto, de hecho, que una simbolización no es nunca casual, sino que está siempre acoplada con exigencias vitales? ¿Exigencias capaces de resignificar los signos, inevitablemente neutralizados en cuanto tales y reintegrados como materia presemiósica[19]?

Diría, por la actividad liberada de las diversas concepciones (hoy precisamente múltiples) del arte, siempre obviamente ligadas a sus propios, y en conjunto con ellas diferenciadas, paradigmas culturales, que un tiempo se habrían llamado ideologías y que ahora

---

[19] La operación de simbolización, de metabolización de algún aspecto de la realidad en concepto, generando significados (conceptos) en primera instancia (de hecho, si ya existieran no sería necesario generarlos), relega siempre aquello sobre lo que "trabaja" a materia pre-semiósica. Cuando ya no lo sea, naturalmente (Nanni, 1999, *passim*).

prefiero llamar, si bien en sentido amplio, visiones del mundo.

¿Libres entre sí o ligadas? Inevitablemente ligadas, de otra manera cómo podrían todas ser consideradas partícipes de esta nuestra occidental (y oriental, en la medida en la cual también el Oriente se va occidentalizando) cultura. Pero inevitablemente ligadas (si es salvada su autonomía sustancial) en modo solamente formal, como lo son, por ejemplo, en la política, nuestros partidos de frente a la Carta constitucional, la cual, salvaguardando de ellos la independencia, también los unifica en las reglas –idénticas para todos– de vida.

Propio de estas visiones del mundo (de estas *poéticas* también, en sentido estricto) es la producción e interpretación diferenciada de las obras de arte. Propio de la *langue* común del arte (de lo que, en el arte, puede ser considerado lo homólogo precisamente de la Constitución en política) es la fundación de las condiciones que presiden a este variado suceder (Nanni, 1999: 51-67).

En conclusión, una posible salvación

Abriendo este escrito se había anticipado que, a mi parecer, esta puesta en discusión de la teoría corriente de la "comunicación" no solo habría traído reflexiones útiles a quien de tal experiencia científicamente se ocupa (cosa que, fuera de toda falsa modestia, espero pueda suceder), sino también a la salud de quien la practica, de quien practica la "comunicación", en todas partes y en general.

Esperanza, debo decir, que no me parece para nada insensata. Veamos.

Los equívocos, los *qui pro quo*, los malentendidos, insidian continuamente nuestra "comunicación": ¿quién no los padece cotidianamente? ¿Y quién, por lo demás,

                    Luciano Nanni

no sufre de las culpabilizaciones con ellos relacionados? Maridos, esposas, novios, colegas de oficina, etc., ¿quién puede decir que no ha sido nunca acusado por su interlocutor de desinterés hacia sus discursos y, acaso, de insensibilidad, de rechazo del diálogo, y así por el estilo? Creo que muy pocos, por no decir nadie. ¿Y quién, por el contrario, puede decir de no haberse nunca sentido frustrado, o de nuevo, de no haberse nunca culpabilizado por no "haber conseguido hacerse entender"? De nuevo muy pocos, creo.

¿Y no presupone todo este sufrir y lamentarse –todos estos *"soffriri"* y estos *"lamentari"*, se podría decir, imitando los modos estilísticos de un importante poeta contemporáneo nuestro–; no presupone, decía, expectativas? ¿Expectativas obviamente defraudadas? ¿Y quién ha generado, o si no generado, prepotentemente justificado, estas expectativas? ¿No acaso la teoría estándar aquí en cuestión?

Si el pensamiento puede pasar de un interlocutor a otro, todo equívoco no puede ser sino fruto de impericia o de desinterés, cuando no incluso de maldad. Impericia obviamente del emisor y desinterés y maldad del receptor. Es natural entonces que nos encontremos en una babel ética y se caiga, según los temperamentos, en frustración ("¿Por qué soy tan torpe? ¿Por qué no consigo decir lo que quiero decir?") o en agresividad ("¿Por qué no te interesas en lo que te estoy diciendo? ¿Por qué no me escuchas?"). Y así por el estilo, y así por el estilo.

Todo esto si el pensamiento puede pasar. ¿Pero si fuera verdadero lo contrario? ¿Si fuera entonces cierto que no puede pasar? Todas las expectativas generadas por esta convicción deberían caer y con ellas las conexas desilusiones, con toda la parafernalia ético-psicológica indicada.

¿Cómo estamos seguros de la armonía con el otro en la autocomunicación? Imposible. Posible solamente en las "comunicaciones" en las cuales el lenguaje prevé un regreso operativo sobre el mundo, pero no en otros casos. Si digo, por ejemplo, a mi hija, "¿me traes la pluma, por favor?" y ella me trae, qué sé yo, un diccionario, entiendo que la "comunicación" no se dio, que mi hija no ha autónomamente construido en su mente los mismos signos que yo he construido en mí; y sin que necesariamente deban existir culpas para alguien, se puede reintentar. Pero cuando la "comunicación" se refiere a contenidos que no prevén tal "regreso a la tierra", digamos "contenidos" abstractos, ¿quién podrá jamás saber si la especularidad de construcción ha sido alcanzada? Verdaderamente nadie. Y si no era posible tener culpables en el caso del lenguaje operativamente controlable, figurémonos si pueden tenerse en este segundo caso. En la "comunicación" somos todos víctimas y, si no lo somos, no somos por ello vencedores.

Adiós, entonces, a la teoría estándar en cuestión y a todas las expectativas comunicativas que esta genera, falsas y mentirosas. No esperemos el "milagro", para nada. Solo así se podrá gozar si sucediere, naturalmente sabiendo, contra el reproponerse del mal, que también este en cualquier momento podría desvanecerse, llenándose de la nada, su contrario. Todo esto, como muestra de un libro sobre la comunicación que, como se ha dicho, debe todavía escribirse, pero que no puede sino ser a 360 grados deducido de cuanto aquí se ha puesto y afirmado. Siempre hasta prueba contraria, naturalmente.

Luciano Nanni

Bibliografía

Anceschi, L. (1968). *Progetto di una sistematica dell'arte.* Milán: Mursia.

_____(1981). *Il caos, il metodo.* Napoli: Tempi moderni.

Aristóteles. (1973). *Opere.* Roma, Bari: Laterza.

Austin, J. L. (1962). *How to do Things with Words.* Oxford University Press; trad. it. 1974, *Quando dire é fare*, Genova, Marietti.

Barilli, R. (1982). *Scienza della cultura e fenomenologia degli stili.* Bologna: il Mulino.

_____(1995). *La neo-vanguardia italiana: dalla nascita del "Verri" alla fine di "Quindici".* Bologna: il Mulino.

Barilli, R., Guglielmi, A. (a cura). (1976). *Gruppo 63: teoria e critica.* Milano: Feltrinelli.

Barthes, R. (1965). *Critique et véritè.* París, Edition du Seuil; trad. it. 1996, *Critica e verità*, Torino: Einaudi.

Baumgarten, A. G. (1750). *Aesthetica.* Frankfurt a.d. Oder; trad. it. 2000, *Estetica*, Palermo: Aesthetica Edizioni.

Berkeley, G. (1710); trad. it. 1984, *Trattato sui principi della conoscenza umana.* Roma-Bari: Laterza.

Bondi, H., Bonnor, W. B., Lyttleton, R. A., Whitrow, G. J. (1960). *Rival Theories of Cosmology.* London-New York-Toronto, Oxford University Press; trad. it. 1965, *Teorie cosmologiche rivali*, Torino: Einaudi.

Bridgman, P. W. (1927). *The logic of Modern Physics.*

New York, The Macmillan Company; trad. it. 1965, *La logica della fisica moderna*. Torino: Boringhieri.

CONDILLAC, E. B. de (1798). *Oeuvres complètes*. París.
CULLER, J. (1992). "In difesa della sovra-interpretazione", en Ch. Brooke-Rose, J. Culler, U. Eco, R. Rorty, *Interpretation and Overinterpretation*, Cambridge, Cambridge University Press; trad. it. 1995, *Interpretazione e sovrainterpretazione*. Milano: Bompiani.

DANTO, A. C. (1986). *The Philosophical Disenfranchisement of Art*. New York, Columbia University Press; trad. it. 1992. *La destituzione filosofica dell'arte*. Siracusa: Tema Celeste.
DAWKINS, R. (1981). "Geni egoisti e memi egoisti", en D. R. Hofstadter, D. C. Dennet, *The mind's I*, New York, Basic Books; trad. it. 1985, *L'io della mente*. Milano: Adelphi.
DE MAURO, T. (1994). *Capire le parole*. Roma-Bari: Laterza.
DELLA VOLPE, G. (1960). *Critica del gusto*. Milano: Feltrinelli.
DERRIDA, J. (1972). *Marges de la philosophie*. Paris: Editions de Minuit; trad. it. 1997, *Margini (della filosofia)*. Torino: Einaudi.
DIONIGI, R. (2001). *Nomi Forme Cose - intorno al* Cratilo *di Platone*. Macerata: Quodlibet.
DURKHEIM, E. (1895). *Les règles de la méthode sociologique*, París, F. Alcan; trad. it. 1963, *Le regole del metodo sociologico*. Milano: Edizioni di Comunità.

ECO, U. (1959). "L'opera in movimento e la coscienza dell'epoca", en *Incontri musicali*, n. 3, pp. 32-54.

                    Luciano Nanni

_____(1975). *Trattato di semiotica generale*. Milano: Bompiani.

_____(1986). "Appunti sulla semiotica della ricezione", en *Carte semiotiche*, n. 2, pp. 9-22.

_____(1993). *La ricerca della lingua perfetta*. Roma-Bari: Laterza.

FISH, S. (1980). *Is There a Text in This Class? The Authority of Interpretive Communities*. Cambridge (Mass.), Harvard University Press; trad. it. 1987, *C'è un testo in questa classe?*, Torino: Einaudi.

FREUD, S. (1905), *Der Witz und seine Beziehung zum Unbewussten*; trad. it. 1975, *Il motto di spirito*. Torino: Boringhieri.

GADAMER, H.-G. (1960). *Wahrheit und Methode*, Tubingen, J. C. B. Mohr; trad. it. 1983, *Verità e Metodo*, Milano: Bompiani.

GOMBRICH, E. H. (1995). "Primus gradus certitudinis", en *Kiliagono*, nn. 1-2, pp. 119-121.

GOODMAN, N. (1978). *Ways of Worldmaking*. Indianápolis-Cambridge, Hackett Publishing; trad. it. 1998, *Vedere e costruire il mondo*. Roma-Bari: Laterza.

GRIMM, J. (1991). *Sull'origine del linguaggio*, en S. Grimm, F. W. J. Schelling, *Sull'origine del linguaggio*, Ferrara: Gallio. (1879). *Uber den Ursprung der Sprache*. Berlín.

HEISENBERG, W. (1955). *Das Naturbild der heutigen Phisik*. Hamburg, Verlag; trad. it. 1985, *Natura e física moderna*, Milano: Garzanti.

HJELMSLEV, L. (1961). *Prolegomena to a Theory of Language*. Madison, University of Wisconsin; trad. it. 1968, *I fondamenti della teoria del linguaggio*. Torino: Einaudi.

Iofrida, M. (1996). *Deconstruzione e storia della filosofia.* Pisa: Edizioni ets.

Jakobson, R. (1963). *Essais de linguistique générale.* Paris, Editions de Minuit, trad. it. 1974, *Saggi di linguistica generale.* Milano: Feltrinelli.

Jung, C. G. (1967). *Man and His Symbols.* London, Aldus Book Limited; trad. it. 1984, *L'uomo e i suoi simboli,* Milano: Mondadori.

Kant, I. (1781, 1787). *Kritik der reinen Vernunft.* Trad. it. 1966, *Critica della ragion pura.* Bari: Laterza.

Kuhn, T.S. (1962). *The structure of Scientific Revolutions.* Chicago, The Universtiy Press; trad. it. 1962, *La struttura delle rivoluzioni scientifiche.* Torino: Einaudi.

Langer, S. (1953). *Feeling and Form. A Theory of Art.* New York, Charles Scribner's Sons; trad. it. 1965, *Sentimento e forma.* Milano: Feltrinelli.

Leibniz, G. W. (1695). "Système noveau de la nature et de la communication des substances, aussi bien que de l'union qu'il y a entre l'*âme* et le corps", en *Journal des Savans,* Junio; trad. it. 1967, "Nuovo sistema della natura e della comunicazione delle sostanze e dell'unione tra l'anima e il corpo", en *Scritti filosofici.* Torino: utet.

_______(1698). "Sur les difficultés que Monsieur Bayle a trouvés dans le 'Nouveau système de l'union qu'il y a entre l'*âme* et le corps'", en *Journal des Savans,* junio-julio; trad. it. 1967, "Chiarimenti sulle difficoltà che il signor Bayle ha trovato nel 'Nuovo sistema della natura e della comunicazione delle sostanze e dell'unione tra l'anima e il corpo'", en *Scritti filosofici.* Torino: utet.

Luciano Nanni

LORENZ, K. (1989). *L'anello del Re Salomone*. Milano: Adelphi.

LOTMAN, J. M. (1970). *Struktura khudozhestvennogo teksta*. Moskow, Iskusstvo; trad. it. 1972, *La struttura del testo poetico*, Milano: Mursia.

LUCRECIO. (1969). *De rerum natura*. Firenze: Sansoni.

MONTAIGNE, M. de. (1580). *Essais*. Simon Millanges, Bordeaux, trad. it. 1970, *Saggi*. Milano: Mondadori.

MUKAROVSKY, J. (1966). *Studie z estetiky*, Praga, Odeon, trad. it. 1973, *Il significato dell'estetica*. Torino: Einaudi.

NANNI, L. (1980). *Per una nuova semiologia dell'arte*. Garzanti: Milano.

_____(1987). "Arte e critica: effetto Münchausen", en id., *Contra dogmáticos*, Bologna: Cappelli, pp. 187-206.

_____(1994). *I cosmi, il metodo*. Bologna: Book Editore.

_____(1999). *Della poetica*. Bologna: Book Editore.

PAREYSON, L. (1974). *Estetica: teoria della formatività*. Firenze: Sansoni.

PASCAL, B. (1670). *Pensées de M. Pascal sur la religión et sur quelques autres sujets*. Paris, Despret; trad. it. 1967, *Pensieri*, Torino: Einaudi.

PEIRCE, Ch. S. (1892). "The Law of Mind", in *The Monist*, julio; trad. it. 1978, "La legge della mente", en W. J. Callaghan, editor, *Scritti di filosofia*. Bologna: Cappelli.

_____(1931-35). *Collected Papers*. Cambridge, Harvard University Press, trad. it. parcial 1980, *Semiotica*. Torino: Einaudi.

PISELLI, F. (1989). *Perfectio Phaenomenon: Baumgarten e l'estetica*. Milano: Universidad de Salerno.

Platón. (1966). *Opere*. Bari: Laterza.

Popper, K. (1994). *Knowledge and the Body-Mind Problem. In defence of interaction*. London-New York, Routledge; trad. it. 1996, *La conoscenza e il problema corpo-mente*. Bologna: il Mulino.

Prieto, L. J. (1975). *Pertinence et pratique. Essai de sèmiologie*. Paris, Editions de Minuit; trad. it. 1976, *Pertinenza e pratica*. Milano: Feltrinelli.

Prodi, G. (1979). *Orizzonti della genetica*. Roma: Editoriale "L'Espresso".

______(1983). *L'uso estetico del linguaggio*. Bologna: il Mulino.

Russo, L., ed. (1998). *Baumgarten e gli orizzonti dell'estetica*. Palermo: Centro Internazionale di Studi di Estetica.

Sapir, E. (1921). *Language*. New York, Brace and World; trad. it. 1969, *Il linguaggio*. Torino: Einaudi.

Saussure, F. de. (1962). *Cours de linguistique* générale; trad. it. 1968, *Corso di linguistica generale*. Bari: Laterza.

Sini, C. (1992). "L'unità della scienza e il ritorno della filosofia", en *Parol*, n. 8, pp. 7-27.

Sperber, D., Wilson, D. (1988). *Relevance: Communication and Cognition*. Cambridge (Mass.): Harvard University Press.

Spinoza, B. (1953). *Breve trattato*. Firenze: Sansoni.

Tomás. (1985). *Summa theologiae*. Bologna: Studio Domenicano.

Vattimo, G. (1994). *Oltre l'interpretazione*. Roma-Bari: Laterza.

______(1996). "Dio, l'ornamento", en *Micromega, Almanacco di filosofia*, pp. 187-199.

Luciano Nanni

WEINRICH, H. (1976). *Metafora e menzogna: la serenità dell'arte*. Bologna: il Mulino.

WHITE, L. A. (1949). *The science of Culture*. New York, Strauss & Giroux; trad. it. 1969, *La scienza della cultura*. Firenze: Sansoni.

WHORF, B. L. (1956). *Language, Thought and Reality*. Cambridge (Mass.), MIT Press; trad. it. 1970, *Linguaggio, pensiero e realtà*. Torino: Boringhieri.

WITTGENSTEIN, L. (1953). *Philophische Untersuchungen*. Oxford, Basil Blackwell; trad. it. 1967, *Osservazioni filosofiche*, Torino: Einaudi.

_______(1961), *Tractatus lógico-philosophicus*. London, Routledge and Kegan Paul; trad. it. 1964, *Tractatus logico-philosophicus e Quaderni 1914-16*. Torino: Einaudi.

ZECCHI, S., ed. (1996). *Estetica '95: le arti e le scienze*. Bologna: il Mulino.

Libros del autor

Ensayo

L'idea di oggettivazione artistica in Camillo Sbarbaro, Nápoles, Guida, 1973.

Leggere Svevo (antologia della critica sveviana), Bolonia, Zanichelli, 1974.

Per una nuova semiologia dell'arte, Milán, Garzanti, 1980.

Roland Barthes. Letterarietà come scrittura: un mito, Bolonia, "Studi di Estetica", n. 6, 1981.

Contra dogmaticos, Bolonia, Cappelli, 1987.

Tesi di Estetica (a Umberto Eco in forma di risposta), Bolonia, Book Editore, 1991.

I cosmi, il metodo, Bolonia, Book Editore, 1994.

Della Poetica. Come nasce e vive un'opera d'arte, Bolonia, Book Editore, 1999.

Communication: The Power of Location - Essays on Adespotic Aesthetics, Nueva York, Peter Lang Publishing, 2000.

Il silenzio di Ermes, Roma, Meltemi, 2002.
L'artista non ha mai avuto mani (a nome Nanni Menetti),

Udine, Campanotto Editore, 2012.

Arte - la mente la vede, l'occhio la pensa (Menetti & Nanni), Bolonia, Fausto Lupetti Editore, 2017.

Poesía

Canzone a quadro (Luciano Nanni), Bolonia, Tipografia Arte-stampe, 1972.

Parénklisis (Nanni Menetti), Bolonia, Edizioni di Parol, 1987.

Shakespeariana (Nanni Menetti), Verona, Edizioni di "Anterem", 1995.

Agradecimientos

Esta edición no podía culminar sin agradecer a las personas que, de primera mano, participaron en la materialización del presente proyecto.

El artífice mayor fue el traductor, Hugo Leyva Sánchez, quien fungió como puente intercontinental entre Europa y nuestro país: agradezco su inagotable entusiasmo y la impecable labor profesional de trasladar las propuestas italianas a nuestro idioma.

También doy las gracias a Carlos Alberto Bustamante Penilla, quien desde su cargo como director de la Facultad de Filosofía "Dr. Samuel Ramos Magaña", adscrita a la UMSNH, tuvo a bien arropar la edición al avizorar la valía de la misma en aras de compartir ideas y propuestas para repensar nuestro entorno.

Agradezco de igual manera a Carlos González Di Pierro por el apoyo en la gestión económica, a Cristina Barragán Hernández por la maquetación, a Noé Martínez por el diseño de portada y al *Sr. Tarántula* por la corrección de estilo.

Por último, y lo dejo al final por ser el apoyo más importante, doy las gracias a Luciano Nanni por confiar en mi sello editorial para compartir, por vez primera en español, el título que a estas alturas ya conocen.

Miguel Ángel García

Morelia, Michoacán
Agosto MMXIX

*Estética, arte
y comunicación*

es la
colección
que
inaugura
esta ruptura
del silencio,
el de
Hermes, cuyo
mensaje-
propuesta se
mantuvo durante
casi dos décadas en
italiano, hasta el día
de hoy, en el que abre
el diálogo en nuestra
hermosa lengua romance:
el español.

Desde la Ciudad de la
Cantera Iridiscente
nos sentimos honrados
al generar un aporte
cultural para el mundo
de habla hispana.

Silla vacía Editorial

Morelia, Michoacán, México